Spanish
phrase book

p

Contents

Contents

Edited, designed and produced in 2005 by Automobile Association Developments Limited for Parragon, Queen Street House, 4 Queen Street, Bath BA1 1HE, UK

Published by AA Publishing (a trading name of Automobile Association Developments Limited, whose registered office is Fanum House, Basing View, Basingstoke, Hampshire RG21 4EA. Registered number 1878835).

Cover picture and page 1, AA World Travel Library/Max Jourdan

English translation by First Edition Translation Ltd, Great Britain

First published in 1995 as Wat & Hoe Spaans, © Uitgeverij Kosmos bv - Utrecht/Antwerpen
Van Dale Lexicografie bv - Utrecht/Antwerpen
Reprinted Oct 2006

ISBN 10: 0-7495-4590-9
ISBN 13: 978-0-7495-4590-1

Material in this book may have appeared in other AA publications.

A CIP catalogue record for this book is available from the British Library.

Typeset by Keenes, Andover
Printed and bound by Everbest, China

Find out more about AA Publishing and the wide range of services the AA provides by visiting our website at www.theAA.com/travel

A03197

Introduction

● **Welcome to the new Travelbug
Spanish Phrase Book which contains
everything you'd expect from a
comprehensive language guide. It's
concise, accessible and easy to
understand, and you'll find it
indispensable on your trip abroad.**

This guide is divided into 15 themed
sections and starts with a pronunciation
table which explains the phonetic
pronunciation to all the words and
phrases you'll need to know for your
trip, while at the back of the book is an
extensive word list and grammar guide
which will help you construct basic
sentences in Spanish.

Throughout the book you'll come
across coloured boxes with a ▶ beside
them. These are designed to help you if
you can't understand what your listener
is saying to you. Hand the book over to
them and encourage them to point to
the appropriate answer to the question
you are asking.

Other coloured boxes in the book – this
time without the symbol – give alpha-
betical listings of themed words with
their English translations beside them.

For extra clarity, we have put all English
words and phrases in black, foreign
language terms in blue and their
phonetic pronunciation in italic.

This phrase book covers all subjects
you are likely to come across during
the course of your visit, from reserving
a room for the night to ordering food
and drink at a restaurant and what to
do if your car breaks down or you lose
your traveller's cheques and money.
With over 2,000 commonly used words
and essential phrases at your fingertips
you can rest assured that you will be
able to get by in all situations, so let
the Travelbug Spanish Phrase Book
become your passport to a secure
and enjoyable trip!

Pronunciation table

The pronunciation provided should be read as if it were English, bearing in mind the following main points:

Vowels
Vowels in Spanish are very open

a	is like a in amber,	*ah*	as in **casa**	*kahsah*
e	is like e in egg,	*eh*	as in **esta**	*ehstah*
i	is like ee in seen,	*ee*	as in **isla**	*eeslah*
o	is like o in John,	*oh*	as in **hotel**	*ohtehl*
u	is like oo in room,	*oo*	as in **uno**	*oonoh*
y	is like ee in seen,	*ee*	as in **y**	*ee*
	the diphthong **ay** is pronounced as in aisle or eye			
			as in **hay**	*eye*

Consonants
Consonants are as in English, pronounced less clearly, except

b/v are pronounced roughly the same
as in **vamos** *bahmohs*

c before e and i is soft and is like the **th** in **th**atch
as in **la acera** *lah ahthehrah*
before a,o and u is hard
as in **cosa** *kohsah*

cu before another vowel is pronounced like **cw**
as in **la cuenta** *lah kwehntah*

g before e and i is soft and is like the Scottish **ch** in lo**ch**,
as in **la gente** *lah <u>h</u>ehnteh*
before a, o and u is hard
as in **gato** *ghahtoh*

gu	before e and i is pronounced as hard **g**
	as in **la guía** *geeah*
	before a, o and u is pronounced like **gw**
	as in **guapo** *gwahpoh*
gü	before e and i is pronounced like **gw**
	as in **lingüística** *leengwees-teekah*
h	is silent
j	is like the soft **g**
	as in **jarra** *hahrrah*
ll	is like **lli** in billion
	as in **llave** *lyahbeh*
ñ	is like **ni** in onion
	as in **año** *ahnyoh*
r	is rolled as in the Scottish **r**, **rr** is a longer roll
z	is like **th** in thought
	as in **taza** *tahthah*

The stress normally falls on the last syllable of the word (**hotel**), except that words ending in a vowel (not including **y**) or in n or s (**casa, casas**) are stressed on the next to the last syllable. All exceptions are indicated by a written acute accent (**Córdoba**, *kohrdohbah*).

Note: In the south, the soft **c** and the **z** are pronounced **s**. This is also true in Latin America.

Useful lists

1.1 Today or tomorrow?

What day is it today? _____	¿Qué día es hoy? *keh deeah ehs oy?*
Today's Monday _____	Hoy es lunes *oy ehs loonehs*
– Tuesday _____	Hoy es martes *oy ehs mahrtehs*
– Wednesday _____	Hoy es miércoles *oy ehs myehrkohlehs*
– Thursday _____	Hoy es jueves *oy ehs <u>h</u>ooehbehs*
– Friday _____	Hoy es viernes *oy ehs byehrnehs*
– Saturday _____	Hoy es sábado *oy ehs sahbahdoh*
– Sunday _____	Hoy es domingo *oy ehs dohmeengoh*
in January _____	en enero *ehn ehnehroh*
since February _____	desde febrero *dehsdeh fehbrehroh*
in spring _____	en primavera *ehn preemahbehrah*
in summer _____	en verano *ehn behrahnoh*
in autumn _____	en otoño *ehn ohtohnyoh*

in winter	en invierno *ehn eenbyehrno*
1997	mil novecientos noventa y siete *meel nohbehthyentohs nohbehntah ee syehteh*
the twentieth century	el siglo XX (veinte) *ehl seegloh beheenteh*
What's the date today?	¿Qué día es hoy? *keh deeah ehs oy?*
Today's the 24th	Hoy es 24 (veinticuatro) *oy ehs beheenteekwahtroh*
Monday 3 November 1998	lunes 3 (tres) de noviembre de 1998 (mil novecientos noventa y ocho) *loonehs trehs deh nohbyehmbreh deh meel nohbehthyehntohs nohbehntah ee ohchoh*
in the morning	por la mañana *pohr lah mahnyahnah*
in the afternoon	por la tarde *pohr lah tahrdeh*
in the evening	por la noche *pohr lah nohcheh*
at night	por la noche *pohr lah nohcheh*
this morning	esta mañana *ehstah mahnyahnah*
this afternoon	esta tarde *ehstah tahrdeh*
this evening	esta noche *ehstah nohcheh*

tonight _____ esta noche
ehstah nohcheh

last night _____ anoche
ahnohcheh

this week _____ esta semana
ehstah sehmahnah

next month _____ el mes próximo
ehl mehs prohxeemoh

last year _____ el año pasado
ehl ahnyo pahsahdoh

next... _____ el/la... próximo/a
ehl/lah... prohxeemoh/ah

in...days/weeks/ _____ dentro de...días/semanas/meses/años
months/years *dehntroh deh...*
deeahs/sehmahnahs/mehsehs/ahnyohs

...weeks ago _____ hace...semanas
ahthe...sehmahnahs

day off _____ día libre
deeah leebreh

1.2 Bank Holidays
● **The most important** Bank Holidays in Spain are the following:

January 1	New Year's Day (Año Nuevo)
January 6	Epiphany (Epifanía)
March 19	St. Joseph's Day (San José)
March/April	Good Friday (Viernes Santo)
March/April	Easter Monday(Catalonia) (Lunes Santo)
May 1	Labour Day (Día del Trabajo)
May/June	Corpus Christi (Corpus Christi)
July 25	St. James's Day (Santiago)
August 15	Assumption Day (Asunción)
October 12	Columbus Day (Día de las Américas)
November 1	All Saints' Day (Todos los Santos)
December 6	Constitution Day (Día de la Constitución)
December 8	Immaculate Conception (Inmaculada Concepción)
December 25	Christmas (Navidad)

There are also various regional holidays like San Fermín in Pamplona (July 6–13) and the Fallas in Valencia (March 19).

1.3 What time is it?

What time is it? _____	¿Qué hora es?
	keh ohrah ehs?
It's nine o'clock _____	Son las nueve
	sohn lahs nwehbeh
– five past ten _____	Son las diez y cinco
	sohn lahs dyeth ee theenkoh

– a quarter past eleven _____ Son las once y cuarto
sohn lahs ohntheh ee kwahrtoh

– twenty past twelve _____ Son las doce y veinte
sohn lahs dohthe ee beheenteh

– half past one _____ Es la una y media
ehs lah oonah ee mehdyah

– twenty–five to three _____ Son las tres menos veinticinco
sohn lahs trehs mehnohs
beheenteetheenkoh

– a quarter to four _____ Son las cuatro menos cuarto
sohn lahs kwahtroh mehnohs kwahrtoh

– ten to five _____ Son las cinco menos diez
sohn lahs theenkoh mehnohs dyehth

– twelve noon _____ Son las doce del mediodía
sohn lahs dohtheh dehl mehdyohdeeah

– midnight _____ Son las doce de la noche
sohn lahs dohtheh deh lah nohcheh

half an hour _____ media hora
mehdyah ohrah

What time? _____ ¿A qué hora?
ah keh ohrah?

What time can I come round? _____ ¿A qué hora puedo pasar?
ah keh ohrah pwehdoh pahsahr?

At... _____ A las...
ah lahs...

After... _____ Después de las...
dehspwehs deh lahs...

Before... _____ Antes de las...
ahntehs deh lahs...

Between...and..._____	Entre las...y las...
	ehntreh lahs...ee lahs...
From...to..._____	De las...a las...
	deh lahs...ah lahs...
In...minutes_____	Dentro de...minutos
	dehntroh deh...meenootohs
– an hour_____	Dentro de una hora
	dehntroh deh oonah ohrah
– ...hours_____	**Dentro de...horas**
	dehntroh deh...ohrahs
– a quarter of an hour_____	Dentro de un cuarto de hora
	dehntroh deh oon kwahrtoh deh ohrah
– three quarters of_____ an hour	Dentro de tres cuartos de hora
	dehntroh deh trehs kwahrtohs deh ohrah
early/late_____	muy temprano/tarde
	mwee tehmprahnoh/tahrdeh
on time_____	a tiempo
	ah tyehmpoh
summer opening hours_____	horario de verano
	ohrahryoh deh behrahnoh
winter opening hours_____	horario de invierno
	ohrahryoh deh eenbyehrnoh

1.4 One, two, three...

0	cero	*thehroh*
1	uno	*oonoh*
2	dos	*dohs*
3	tres	*trehs*
4	cuatro	*kwahtroh*
5	cinco	*theenkoh*
6	seis	*sehees*
7	siete	*syehteh*
8	ocho	*ohchoh*
9	nueve	*nwehbeh*
10	diez	*dyeth*
11	once	*ohntheh*
12	doce	*dohtheh*
13	trece	*trehtheh*
14	catorce	*kahtohrteh*
15	quince	*keentheh*
16	dieciséis	*dyetheesehees*
17	diecisiete	*dyetheesyehteh*
18	dieciocho	*dyetheeohchoh*
19	diecinueve	*dyetheenwehbe*
20	veinte	*beheenteh*
21	veintiuno	*beheenteeoonoh*
22	veintidós	*beheenteheedohs*
30	treinta	*treheentah*
31	treinta y uno	*treheentah ee oonoh*
32	treinta y dos	*treheentah ee dohs*

Useful lists

40 _____	cuarenta	*kwahrehntah*
50 _____	cincuenta	*theenkwehntah*
60 _____	sesenta	*sehsehntah*
70 _____	setenta	*sehtehntah*
80 _____	ochenta	*ohchehntah*
90 _____	noventa	*nohvehntah*
100 _____	cien	*thyehn*
101 _____	ciento uno	*thyehntoh oonoh*
110 _____	ciento diez	*thyehntoh dyeth*
120 _____	ciento veinte	*thyehntoh beheenteh*
200 _____	doscientos	*dohsthyehntohs*
300 _____	trescientos	*trehsthyehntohs*
400 _____	cuatrocientos	*kwahtrohthyehntohs*
500 _____	quinientos	*keenyehntohs*
600 _____	seiscientos	*seheesthyehntohs*
700 _____	setecientos	*sehtehthyehntohs*
800 _____	ochocientos	*ohchohthyehntohs*
900 _____	novecientos	*nohbehthyentohs*
1000 _____	mil	*meel*
1100 _____	mil cien	*meel thyehn*
2000 _____	dos mil	*dohs meel*
10,000 _____	diez mil	*dyeth meel*
100,000 _____	cien mil	*thyehn meel*
1,000,000 _____	un millón	*oon meelyohn*
1st _____	primero	*preemehroh*
2nd _____	segundo	*sehgoondoh*
3rd _____	tercero	*tehrthehroh*
4th _____	cuarto	*kwahrtoh*

5th	quinto	*keentoh*
6th	sexto	*sehxtoh*
7th	séptimo	*sehpteemoh*
8th	octavo	*ohktahboh*
9th	noveno	*nohvehnoh*
10th	décimo	*dehteemoh*
11th	undécimo	*oondehteemoh*
12th	duodécimo	*doo-ohdehteemoh*
13th	decimotercero	*dehteemohtehrthehroh*
14th	decimocuarto	*dehteemohkwahrtoh*
15th	decimoquinto	*dehteemohkeentoh*
16th	decimosexto	*dehteemohsehxtoh*
17th	decimoséptimo	*dehteemosehpteemoh*
18th	decimoctavo	*dehteemohktahboh*
19th	decimonoveno	*dehteemonobenoh*
20th	vigésimo	*beeheseemoh*
21st	vigesimoprimero	*beeheseemohpreemeroh*
22nd	vigesimosegundo	*beeheseemohsegoondoh*
30th	trigésimo	*treeheseemoh*
100th	centésimo	*thentehseemoh*
1,000th	milésimo	*meelehseemoh*

1.5 The weather

Is the weather going to be good/bad?	¿Hará buen/mal tiempo?
	ahrah bwehn/mahl tyehmpoh?
Is it going to get colder/hotter?	¿Hará más frío/calor?
	ahrah mahs freeoh/kahlohr?

algo nublado/nublado
  light/heavy
  clouds
bochornoso
  stormy
bueno
  fine
caluroso
  hot
chubasco
  shower
cielo cubierto
  overcast
desapacible
  bleak
despejado
  clear
escarcha
  frost
fresco
  chilly
frìo
  cold
granizo
  hail
...grados(bajo/sobre
  cero)...degrees
  (above/below
  zero)

helada
  (black) ice
húmedo
  damp
huracán
  hurricane
llovizna
  drizzle
lluvia
  rain
lluvioso
  wet
niebla
  fog
nieve
  snow
nublado
  cloudy
ola de calor
  heat wave
pesado
  muggy
sofocante
  scorching hot
soleado
  sunny
suave
  mild

tormenta eléctrica
  thunderstorm
vendaval
  gale
ventoso
  windy
viento
  wind
viento leve
  /moderado/fuerte
  light/moderate/
  strong wind
tempestad
  squall

What temperature is it going to be? | ¿Cuántos grados hará?
kwahntohs grahdohs ahrah?

Is it going to rain? | ¿Va a llover?
bah ah lyohbehr?

Is there going to be a storm? | ¿Tendremos tormenta?
tehndrehmohs tohrmehntah?

Is it going to snow? | ¿Va a nevar?
bah ah nehbahr?

Is it going to freeze? | ¿Va a helar?
bah ah ehlahr?

Is the thaw setting in? | ¿Comenzará el deshielo?
kohmehnzahrah ehl dehsyeloh

Is it going to be foggy? | ¿Habrá niebla?
ahbrah nyehblah?

Is there going to be a thunderstorm? | ¿Habrá tormenta eléctrica?
ahbrah tohrmehntah ehlehktreekah?

The weather's changing | Va a cambiar el tiempo
bah ah kahmbyahr ehl tyehmpoh

It's cooling down | Va a refrescar
bah ah rehfrehskahr

What's the weather going to be like today/tomorrow? | ¿Qué tiempo hará hoy/mañana?
keh tyehmpoh ahrah oy/mahnyahnah?

Useful lists

1.6 Here, there...
See also 5.1 Asking for directions

here/there	aquí/allá
	ahkee/ahlyah
somewhere/nowhere	en alguna/ninguna parte
	ehn algoonah/neengoonah pahrteh
everywhere	en todas partes
	ehn tohdahs pahrtehs
far away/nearby	lejos/cerca
	leh_hos/thehrkah
right/left	a la derecha/izquierda
	ah lah dehrehchah/eethkyehrdah
to the right/left of	a la derecha/izquierda de
	ah lah dehrehchah/eethkyehrdah deh
straight ahead	todo recto
	tohdoh rehktoh
via	pasando por
	pahsahndoh pohr
in	en
	ehn
on	sobre
	sohbreh
under	debajo de
	dehbah_hoh deh
opposite	frente a
	frehnteh ah
next to	al lado de
	ahl lahdoh deh

near _____	junto a
	hoontoh ah
in front of _____	delante de
	dehlahnteh deh
in the centre _____	en el medio
	ehn ehl mehdyoh
forward _____	hacia adelante
	ahthyah ahdehlanteh
down _____	(hacia) abajo
	(ahthyah) ahbahhoh
up _____	(hacia) arriba
	(ahthya) ahrreebah
inside _____	(hacia) adentro
	(ahthya) ahdehntroh
outside _____	(hacia) afuera
	(ahthya) ahfwehrah
behind _____	(hacia) atrás
	(ahthya) ahtrahs
at the front _____	delante
	dehlahnteh
at the back _____	detrás
	dehtrahs
in the north _____	en el norte
	ehn ehl nohrteh
to the south _____	hacia el sur
	ahthya ehl soor
from the west _____	del oeste
	dehl ohehsteh
from the east _____	del este
	dehl ehsteh

1.7 What does that sign say?
See 5.4 Traffic signs

abierto/cerrado
  open/closed
agua no potable
  no drinking water
alta tensión high
  voltage
ascensor
  lift
caballeros
  gents/gentlemen
caja pay here
completo full
coto privado private
  (property)
cuidado con el perro
  beware of the dog
cuidado, escalón mind
  the step
entrada entrance
entrada libre free
  admission
escalera stairs
escalera de incendios
  fire escape
escalera mecánica
  escalator

freno de emergencia
  emergency brake
horario (de apertura)
  opening hours
información
  information
liquidación (por cese)
  closing-down sale
no funciona out of
  order
no tocar please do not
  touch
peligro danger
peligro de incendio fire
  hazard
...piso ...floor
primeros auxilios
  first aid
prohibido el paso no
  entry
prohibido fotografiar no
  photographs
prohibido fumar no
  smoking
prohibido hacer fuego
  no open fires

prohibido para
  animales
  no pets allowed
prohibido pisar el
  césped
  keep off the grass
razón aquí inquiries
rebajas clearance
recepción reception
recién pintado wet paint
reservado reserved
saldos sale
salida exit
salida de
  emergencia/salida de
  socorro
  emergency exit
se alquila
  for hire
se ruega no molestar
  do not disturb
se vende for sale
señoras ladies
servicios toilets
empujar/tirar
  push/pull

1.8 Telephone alphabet

a	_ah_	de Antonio	_deh ahntohnyoh_
b	_beh_	de Barcelona	_deh bahr-thelohnah_
c	_theh_	de Carmen	_deh kahrmehn_
ch	_cheh_	de chocolate	_deh chohkohlahteh_
d	_deh_	de Dolores	_deh dohlohrehs_
e	_eh_	de Enrique	_deh ehnreekeh_
f	_hefeh_	de Francia	_deh frahnthyah_
g	_heh_	de Gerona	_de hehrohnah_
h	_ahcheh_	de historia	_de eestohryah_
I	_ee_	de Inés	_deh eenehs_
j	_hohtah_	de José	_deh hohseh_
k	_kah_	de Kilo	_deh keeloh_
l	_ehleh_	de Lorenzo	_deh lohrehnthoh_
ll	_ehlyeh_	de Llobregat	_deh lyohbrehgaht_
m	_ehmeh_	de Madrid	_deh Mahdreedd_
n	_ehneh_	de Navarra	_deh nahbahrrah_
ñ	_ehnyeh_	de ñoño	_deh nyohnyoh_
o	_oh_	de Oviedo	_deh ohbyedoh_
p	_peh_	de París	_deh pahrees_
q	_koo_	de querido	_deh kehreedoh_
r	_ehrreh_	de Ramón	_deh rahmohn_
s	_ehseh_	de sábado	_deh sahbahdoh_
t	_teh_	de Tarragona	_deh tahrrahgohnah_
u	_oo_	de Ulises	_deh ooleesehs_
v	_oobeh_	de Valencia	_deh bahlehnthyah_
w	_oobehdohbleh_	de Washington	_deh wahsheengtohn_
x	_ehkees_	de Xiquena	_deh heekehnah_
y	_eegryehgah_	griega	
z	_thehtah_	de Zaragoza	_deh thahrahgohthah_

Useful lists

1.9 Personal details

surname _____	apellidos *ahpehlyeedohs*
christian name(s) _____	nombre *nohmbreh*
address (street/number) _____	idirección (calle/número) *deerehkthyohn (kahlyeh/noomehroh)*
post code/town _____	código postal/población *cohdeegoh pohstahl/pohblahthyon*
sex (male/female) _____	sexo (v = varón, m = mujer) *sehksoh (v = bahrohn, m = moo<u>h</u>ehr)*
nationality_____	nacionalidad *nahthyohnahleedahdh*
date of birth _____	fecha de nacimiento *fehchah deh nahtheemyehntoh*
place of birth _____	lugar de nacimiento *loogahr deh natheemyehntoh*
occupation _____	profesión *profehsyohn*
married/single/divorced _____	casado, casada/soltero, soltera/ divorciado, divorciada *kahsahdoh, kahsahdah/sohltehroh,* *sohltehrah/deebohrthyahdoh,* *deebohrthyahdah*
widowed _____	viuda/viudo *byoodah/byoodoh*
(number of) children _____	(número de) hijos *(noomehroh deh) ee<u>h</u>ohs*

26

Courtesies

● **Female friends and relatives** kiss on both cheeks in Spain.
In shops, etc., you will hear ¡Buenos días! or just ¡Buenas!, and expect to be
addressed in Basque or Catalan in these provinces. For example you will hear
¡Agur! instead of ¡Adiós! in the Basque Country.

2.1 Greetings

Hello, Mr Smith _____	Hola, buenos días
	ohlah, bwehnohs deeahs
Hello, Peter _____	Hola, Pedro
	ohlah, pehdroh
Hi, Helen _____	Qué hay, Elena
	keh ay, ehlehnah
Good morning, madam _____	Buenos días, señora (before 2pm)
	bwehnohs deeahs, sehnyohrah
Good afternoon, sir _____	Buenas tardes, señor (after 2pm)
	bwehnahs tahrdehs, sehnyohr
Good evening _____	Buenas tardes (before 9pm), buenas
	noches (after 9pm)
	bwehnahs tahrdehs, bwehnahs nohchehs
How are you? _____	¿Qué tal?
	keh tahl?
Fine, thank you, and you? _____	Muy bien, ¿y usted?
	mwee byehn, ee oostehdh?
Very well _____	Estupendo
	ehstoopehndoh
Not very well _____	Regular
	rehgoolahr
Not too bad _____	Tirando
	teerando

Courtesies **2**

I'd better be going _____	Bueno, me voy *bwehnoh, meh boy*
I have to be going. Someone's waiting for me _____	Tengo que irme. Me están esperando *tehngoh keh eermeh, meh ehstahn ehspehrahndoh*
Bye! _____	¡Adiós! *ahdyohs!*
Goodbye _____	Hasta luego *ahstah lwehgoh*
See you soon _____	Hasta pronto *ahstah prohntoh*
See you later _____	Hasta luego *ahstah lwehgoh*
See you in a little while _____	Hasta ahora *ahstah ahohrah*
Sleep well _____	Que descanse *keh dehskahnseh*
Good night _____	Buenas noches *bwehnahs nohchehs*
All the best _____	Que le vaya bien *keh leh bahyah byehn*
Have fun _____	Que se divierta, que lo pase bien *keh seh deebyehrtah, keh loh pahseh byehn*
Good luck _____	Mucha suerte *moochah swehrteh*
Have a nice holiday _____	Felices vacaciones *fehleetehhs bahkahthyohnehs*
Have a good trip _____	Buen viaje *bwehn byahheh*

2.2 How to ask a question

Who? _____	¿Quién? *kyehn?*
Who's that? _____	¿Quién es? *kyehn ehs?*
What? _____	¿Qué? *keh?*
What's there to _____ see here?	¿Qué se puede visitar aquí? *keh seh pwehdeh beeseetahr ahkee?*
What kind of hotel _____ is that?	¿Qué clase de hotel es? *keh klahseh deh ohtehl ehs?*
Where? _____	¿Dónde? *dohndeh?*
Where's the toilet? _____	¿Dónde están los servicios? *dohndeh ehstahn lohs sehrbeethyohs?*
Where are you going? _____	¿A dónde va? *ahdohndeh bah?*
Where are you from? _____	¿De dónde es usted? *deh dohndeh ehs oostehdh?*
How? _____	¿Cómo? *kohmoh?*
How far is that? _____	¿A qué distancia queda? *ah keh deestahnthyah kehdah?*
How long does it take? _____	¿Cuánto dura? *kwahntoh doorah?*
How long is the trip? _____	¿Cuánto dura el viaje? *kwahntoh doorah ehl byahheh?*
How much? _____	¿Cuánto? *kwahntoh?*

How much is this? _____	¿Cuánto vale? *kwahntoh bahleh?*
What time is it? _____	¿Qué hora es? *keh ohrah ehs?*
Which? _____	¿Cuál? ¿Cuáles? *kwahl? kwahlehs?*
Which glass is mine? _____	¿Cuál es mi copa? *kwahl ehs mee kohpah?*
When? _____	¿Cuándo? *kwahndoh?*
When are you leaving? _____	¿Cuándo sale? *kwahndoh sahleh?*
Why? _____	¿Por qué? *pohr keh?*
Could you...me? _____	¿Podría...? *pohdreeah...?*
Could you help me, _____ please?	¿Podría ayudarme? *pohdreeah ahyoodahrmeh?*
Could you point that _____ out to me?	¿Me lo podría indicar? *meh loh pohdreeah eendeekahr?*
Could you come _____ with me, please?	¿Le importaría acompañarme? *leh eempohrtahreeah ahkohmpahnyahrmeh?*
Could you... _____	¿Quiere...?/¿Podría...? *kyehreh...?/pohdreeah...?*
Could you reserve some_____ tickets for me, please?	¿Me podría reservar entradas? *meh pohdreeah rehsehrbahr ehntrahdahs?*
Do you know...? _____	¿Sabe...? *sahbeh...?*

Do you know another _____ hotel, please?	¿Sabría indicarme otro hotel?
	sahbreeah eendeekahrmeh ohtroh ohtehl?
Do you know whether...? _____	¿Tiene...?
	tyehneh...?
Do you have a...? _____	¿Me podría dar un(a)...?
	meh pohdreeah dahr oon(ah)...?
Do you have a _____ vegetarian dish, please?	¿Tendría un plato sin carne?
	tehndreeah oon plahtoh seen kahrneh?
I'd like... _____	Quisiera...
	keesyehrah...
I'd like a kilo of apples, _____ please.	Quisiera un kilo de manzanas
	keesyehrah oon keeloh deh mahnthahnahs
Can I...? _____	¿Puedo...?/¿Se puede...?
	pwehdoh...?/seh pwehdeh?
Can I take this? _____	¿Podría llevármelo?
	pohdreeah lyehbahrmehloh?
Can I smoke here? _____	¿Se puede fumar aquí?
	seh pwehdeh foomahr ahkee?
Could I ask you _____ something?	¿Puedo hacerle una pregunta?
	pwehdoh ahthehrleh oonah prehgoontah?

2.3 How to reply

Yes, of course _____	Sí, claro
	see, klahroh
No, I'm sorry _____	No, lo siento
	noh, loh syehntoh

Yes, what can I do for you? _____	Sí. ¿En qué puedo servirle? _see, ehn keh pwehdoh sehrbeerleh?_
Just a moment, please _____	Un momento, por favor _oon mohmehntoh, pohr fahbohr_
No, I don't have time now _____	No, ahora no tengo tiempo _noh, aohrah noh tehngoh tyehmpoh_
No, that's impossible _____	No, eso es imposible _noh, ehsoh ehs eempohseebleh_
I think so _____	Creo que sí _krehoh keh see_
I agree _____	Yo también lo creo _yoh tahmbyehn loh krehoh_
I hope so too _____	Yo también lo espero _yoh tahmbyehn loh ehspehroh_
No, not at all _____	No, de ninguna manera _noh, deh neengoonah mahnehrah_
No, no-one _____	No, nadie _noh, nahdyeh_
No, nothing _____	No, nada _noh, nahdah_
That's (not) right _____	(No) es cierto _(noh) ehs thyehrtoh_
I (don't) agree _____	(No) estoy de acuerdo con usted _(noh) ehstoy deh ahkwehrdoh kohn oostehd_
All right _____	Está bien _ehstah byehn_
Okay _____	Vale _bahleh_

Perhaps _____	Quizá
	keethah
I don't know _____	No lo sé
	noh loh seh

2.4 Thank you

Thank you _____	Gracias
	grahthyahs
You're welcome_____	De nada
	deh nahdah
Thank you very much _____	Muchísimas gracias
	moocheeseemahs grahthyahs
Very kind of you _____	Muy amable (de su parte)
	mwee ahmahbleh (deh soo pahrteh)
I enjoyed it very much_____	Ha sido un verdadero placer
	ah seedoh oon behrdahdehroh plahthehr
Thank you for your_____	Gracias por la molestia
trouble	*grahthyahs pohr lah mohlehstyah*
You shouldn't have_____	No se hubiera molestado
	noh seh oobyehrah mohlehstahdoh
That's all right _____	No se preocupe
	noh seh prehohkoopeh

2.5 Sorry

Excuse me _____	Perdone
	pehrdohneh
Sorry!_____	¡Perdone!
	pehrdohneh!

I'm sorry, I didn't know... _____ Perdone, no sabía que...
pehrdohneh, noh sahbeeah keh...

I do apologise _____ Perdone
pehrdohneh

I'm sorry _____ Lo siento
loh syehntoh

I didn't do it on purpose, _____ No ha sido a propósito; ha sido sin
it was an accident querer
*noh ah seedoh ah prohpohseetoh; ah
seedoh seen kehrehr*

That's all right _____ No importa
noh eempohrtah

Never mind_____ Déjelo
dehhehloh

It could've happened to _____ Le puede pasar a cualquiera
anyone *leh pwehdeh pahsahr ah kwahlkyehrah*

2.6 What do you think?

Which do you prefer? _____ ¿Qué prefiere?
keh prehfyehreh?

What do you think? _____ ¿Qué te parece?
keh teh pahrehtheh?

Don't you like dancing?_____ ¿No te gusta bailar?
noh teh goostah bahylahr?

I don't mind _____ Me da igual
meh dah eegwahl

Well done! _____ ¡Muy bien!
mwee byehn!

② Courtesies

Not bad! _____	¡No está mal! *noh ehstah mahl!*
Great! _____	¡Excelente! *ehxthehlehnteh!*
Wonderful! _____	¡Qué delicia! *keh dehleethyah!*
It's really nice here! _____	¡Qué bien se está aquí! *keh byehn seh ehstah ahkee!*
How nice! _____	¡Qué mono/bonito! *keh mohnoh/bohneetoh!*
How nice for you! _____	¡Cuánto me alegro por usted! *kwahntoh meh ahlehgroh pohr oostehdh!*
I'm (not) very happy with... _____	(No) estoy muy contento con... *(noh) estoy mwee kohntehntoh kohn...*
I'm glad... _____	Me alegro de que... *meh ahlehgroh deh keh...*
I'm having a great time_____	Me lo estoy pasando muy bien *meh loh ehstoy pahsahndoh mwee byehn*
I'm looking forward to it_____	Me hace ilusión *meh ahtheh eeloosyohn*
I hope it'll work out _____	Espero que salga bien *ehspehroh keh sahlgah byehn*
That's ridiculous! _____	¡Qué ridículo! *keh reedeekooloh!*
That's terrible! _____	¡Qué horrible! *keh ohrreebleh!*
What a pity! _____	¡Qué lástima! *keh lahsteemah!*
That's filthy! _____	¡Qué asco! *keh ahskoh!*

What a load of rubbish! _____	¡Qué tontería! *keh tohntehreeah!*
I don't like... _____	No me gusta... *noh meh goostah...*
I'm bored to death _____	Me aburro como una ostra *meh ahboorroh kohmoh oonah ohstrah*
I've had enough _____	Estoy harto(a) *ehstoy ahrtoh(ah)*
This is no good _____	No puede ser *noh pwehdeh sehr*
I was expecting _____ something completely different	Yo me había esperado otra cosa *yoh meh ahbeeah ehspehrahdoh ohtrah kohsah*

37

Conversation

3.1 I beg your pardon?

I don't speak any/ _____ I speak a little...	No hablo/hablo un poco de... *noh ahbloh/ahbloh oon pohkoh deh...*
I'm English _____	Soy inglés/inglesa *soy eenglehs/eenglehsah*
I'm Scottish _____	Soy escocés/escocesa *soy ehskohthehs/ehskothehsah*
I'm Irish _____	Soy irlandés/irlandesa *soy eerlahndehs/eerlahndehsah*
I'm Welsh _____	soy galés/galesa *soy gahlehs/gahlehsah*
Do you speak _____ English/French/German?	¿Habla inglés/francés/alemán? *ahblah eenglehs/frahnthehs/ahlehmahn?*
Is there anyone who _____ speaks...?	¿Hay alguien que hable...? *ay ahlgyehn ahkee keh ahbleh...?*
I beg your pardon? _____	¿Cómo dice? *kohmoh deetheh?*
I (don't) understand _____	(No) comprendo *(noh) kohmprehndoh*
Do you understand me? _____	¿Me entiende? *meh ehntyehndeh?*
Could you repeat that, _____ please?	¿Le importa repetirlo? *leh eempohrtah rehpehteerloh?*
Could you speak more _____ slowly, please?	¿Podría hablar más despacio? *pohdreeah ahblahr mahs dehspahthyo?*

What does that (word) _____ mean?	¿Qué significa esto/esta palabra? *keh seegneefeekah ehstoh/ehstah pahlahbrah?*
Is that similar to/the _____ same as...?	¿Es (más o menos) lo mismo que...? *ehs mahs oh mehnohs loh meesmoh keh...?*
Could you write that _____ down for me, please?	¿Podría escribírmelo? *pohdreeah eskreebeermehloh?*
Could you spell that_____ for me, please?	¿Podría deletreármelo? *pohdreeah dehlehtrehahrmehloh?*

(See 1.8 Telephone alphabet)

Could you point that _____ out in this phrase book, please?	¿Me lo podría señalar en esta guía? *meh loh pohdreeah sehnyahlahr ehn ehstah gheeah?*
One moment, please, _____ I have to look it up	Espere que lo busco en la guía *ehspehreh keh loh booskoh ehn lah gheeah*
I can't find the word/the _____ sentence	No puedo encontrar la palabra/la frase *noh pwehdoh ehnkohntrahr lah pahlahbrah/lah frahseh*
How do you say _____ that in...?	¿Cómo se dice eso en...? *kohmoh seh deetheh ehstoh ehn...?*
How do you pronounce _____ that?	¿Cómo se pronuncia? *kohmoh seh prohnoonthyah?*

3.2 Introductions

May I introduce myself? _____	Permítame presentarme *pehrmeetahmeh prehsehntahrmeh*
My name's... _____	Me llamo... *meh lyahmoh...*
I'm... _____	Soy... *soy...*
What's your name? _____	¿Cómo se llama? *kohmoh seh lyahmah?*
May I introduce...? _____	Permítame presentarle a... *pehrmeetahmeh prehsehntahrleh ah...*
This is my wife/ _____ daughter/mother/ girlfriend	Esta es mi mujer/mi hija/mi madre/mi amiga *ehstah ehs mee moohehr/mee eehah /mee mahdreh/mee ahmeegah*
– my husband/son/ _____ father/boyfriend.	Este es mi marido/mi hijo/mi padre/mi amigo *ehsteh ehs mee mahreedoh/mee eehoh/mee pahdreh/mee ahmeegoh*
How do you do _____	Hola, mucho gusto *ohlah, moochoh goostoh*
Pleased to meet you _____	Encantado(a) (de conocerle) *ehnkahntahdoh(ah) (deh kohnohthehrleh)*
Where are you from? _____	¿De dónde es usted? *deh dohndeh ehs oostehdh?*
I'm from _____ England/Scotland/ Ireland/Wales	Soy inglés/esa escocés/esa irlandés/esa galés/esa *soy eenglehs/ehsah ehskohthehs/ehsah eerlahndehs/ehsah gahlehs/ ehsah*

What city do you live in? _____	¿En qué ciudad vive?
	ehn keh thyoodahdh beebeh?
In..., It's near... _____	En...Eso está cerca de...
	ehn...ehsoh ehstah thehrkah deh...
Have you been here _____ long?	¿Hace mucho que está aquí?
	ahteh moochoh keh ehstah ahkee?
A few days _____	Unos días
	oonohs deeahs
How long are you _____ staying here?	¿Cuánto tiempo piensa quedarse?
	kwahntoh tyehmpoh pyehnsah kehdahrseh?
We're (probably) _____ leaving tomorrow/ in two weeks	Nos iremos (probablemente) mañana/dentro de dos semanas
	nohs eerehmohs (prohbahblehmehnteh) mahnyahnah/dehntroh deh dohs sehmahnahs
Where are you staying? _____	¿Dónde se aloja?
	dohndeh seh ahlohhah?
In a hotel/an apartment _____	En un hotel/apartamento
	ehn oon ohtehl/ahpahrtahmehntoh
On a camp site _____	En un camping
	ehn oon kahmpeen
With friends/relatives _____	En casa de amigos/parientes
	ehn kahsah deh ahmeegohs/pahryehntehs
Are you here on your _____ own/with your family?	¿Ha venido solo(a)/con su familia?
	ah behneedoh sohloh(ah)/kohn soo fahmeelyah?
I'm on my own _____	He venido solo(a)
	eh behneedoh sohloh(ah)

I'm with my _____ partner/wife/husband	con mi pareja/mujer/marido *kohn mee pahreh<u>h</u>ah/moo<u>h</u>ehr/mahreedoh*
– with my family _____	con mi familia *kohn mee fahmeelyah*
– with relatives _____	con unos parientes *kohn oonohs pahryehntehs*
– with a friend/friends _____	con un amigo/una amiga/unos amigos *kohn oon ahmeegoh/oonah ahmeegah/oonohs ahmeegohs*
Are you married? _____	¿Está casado/casada? *ehstah kahsahdoh/kahsahdah?*
Do you have a steady _____ boyfriend/girlfriend?	¿Tienes novio/novia? *tyehnehs nohbyoh/nohbyah?*
That's none of your _____ business.	No es asunto suyo *noh ehs ahsoontoh sooyoh*
I'm married_____	Soy casado *soy kahsahdoh*
– single _____	Soy soltero *soy sohltehroh*
– separated_____	Estoy separado *ehstoy sehpahrahdoh*
– divorced _____	Estoy divorciado *ehstoy deebohrthyahdoh*
– a widow/widower _____	Soy viuda/viudo *soy byoodah/byoodoh*
I live alone/with_____ someone	Vivo solo(a)/con otra persona *beeboh sohloh(ah)/kohn ohtrah pehrsohnah*
Do you have any_____ children/grandchildren?	¿Tiene hijos/nietos? *tyehneh ee<u>h</u>ohs/nyehtohs?*

How old are you? _____	¿Cuántos años tiene? *kwahntohs ahnyohs tyehneh?*
How old is she/he? _____	¿Cuántos años tiene? *kwahntohs ahnyohs tyehneh?*
I'm... _____	Tengo...años *tehngoh...ahnyohs*
She's/he's... _____	Tiene...años *tyehneh...ahnyohs*
What do you do for a _____ living?	¿En qué trabaja? *ehn keh trabbahhah?*
I work in an office _____	Trabajo en una oficina *trahbahhoh ehn oonah ohfeetheenah*
I'm a student/ _____ I'm at school	Estudio *ehstoodyoh*
I'm unemployed _____	Estoy en paro *ehstoy ehn pahroh*
I'm retired _____	Soy jubilado *soy hoobeelahdoh*
I'm on a disability _____ pension	Tengo una pensión de invalidez *tehngoh oonah pehnsyohn deh eenbahleedeth*
I'm a housewife _____	Soy ama de casa *soy ahmah deh kahsah*
Do you like your job? _____	¿Le gusta su trabajo? *leh goostah soo trahbahhoh?*
Most of the time _____	A veces sí, a veces no *ah behthehs see, ah behthehs noh*

I usually do, but I prefer _____
holidays

Por lo general sí, pero prefiero las
vacaciones
*pohr loh <u>h</u>ehnehrahl see, pehroh
prehfyehroh lahs bahkahthyohnehs*

3.3 Starting/ending a conversation

Could I ask you _____
something?

¿Podría preguntarle una cosa?
*pohdreeah prehgoontahrleh oonah
kohsah?*

Excuse me _____

Perdone
pehrdohneh

Excuse me, could you _____
help me?

¿Podría ayudarme?
pohdreeah ahyoodahrmeh?

Yes, what's the problem? _____

Sí, ¿qué pasa?
see, keh pahsah?

What can I do for you? _____

¿En qué puedo servirle?
ehn keh pwehdoh sehrbeerleh?

Sorry, I don't have time _____
now

Lo siento, ahora no tengo tiempo
*loh syehntoh, ahohrah noh tehngoh
tyehmpoh*

Do you have a light? _____

¿Tiene fuego?
tyehneh fwehgoh?

May I join you? _____

¿Le importa que me siente?
leh eempohrtah keh meh syehnteh?

Could you take a _____
picture of me/us?
Press this button.

¿Podría sacarme/sacarnos una foto?
Hay que apretar este botón
*pohdreeah sahkahrmeh/sahkahrnohs
oonah fohtoh? ay keh ahprehtahr ehsteh
bohtohn*

Leave me alone _____ Déjeme en paz
dehhehmeh ehn pahth

Get lost _____ Váyase al diablo
bahyahseh ahl deeahbloh

Go away or I'll scream _____ Como no se vaya, grito
kohmoh noh seh bahyah, greetoh

3.4 A chat about the weather
See also 1.5 The weather

It's so hot/cold today! _____ ¡Qué calor/frío hace hoy!
keh kahlohr/freeoh ahtheh oy!

Nice weather, isn't it? _____ ¡Qué buen tiempo hace! ¿Verdad?
keh bwehn tyehmpoh ahtheh! behrdah?

What a wind/storm! _____ ¡Vaya viento/tormenta!
bahyah byehntoh/tohrmentah!

All that rain/snow! _____ ¡Cómo llueve/nieva!
kohmoh lywehbeh/nyehbah!

All that fog! _____ ¡Cuánta niebla!
kwahntah nyehblah!

Has the weather been _____ ¿Hace mucho que hace este tiempo?
  like this for long here? *ahtheh moochoh keh ahtheh ehsteh tyehmpoh?*

Is it always this hot/cold _____ ¿Aquí siempre hace tanto calor/frío?
  here? *ahkee syehmpreh ahtheh tahntoh kahlohr/freeoh?*

Is it always this dry/wet _____ ¿Aquí siempre hace un tiempo tan
  here? seco/lluvioso?
ahkee syehmpreh ahtheh oon tyehmpoh tahn sehkoh/lyoobyohsoh?

3.5 Hobbies

Do you have any _____ hobbies?

¿Tiene algún hobby?
tyehneh algoon hohbee?

I like painting/ _____ reading/photography/ DIY

Me gusta pintar/leer/la fotografía/el bricolaje
meh goostah peentahr/lehehr/lah fohtohgrahfeeah/ehl breekohlahheh

I like music _____

Me gusta la música
meh goostah lah mooseekah

I like playing the _____ guitar/piano

Me gusta tocar la guitarra/el piano
meh goostah tohkahr lah gueetahrrah/ehl pyahnoh

I like going to the movies _____

Me gusta ir al cine
meh goostah eer ahl theeneh

I like travelling/ _____ sport/fishing/walking

Me gusta viajar/hacer deporte/pescar/salir a caminar
meh goostah byahhahr/ahthehr dehpohrteh/pehskahr/sahleer ah kahmeenahr

3.6 Invitations

Are you doing anything _____ tonight?

¿Tiene algo que hacer esta noche?
tyehneh ahlgoh keh ahthehr ehstah nohcheh?

Do you have any plans _____ for today/this afternoon/tonight?

¿Ya tiene planes para hoy/ esta tarde/esta noche?
yah tyehneh plahnehs pahrah oy/ehstah tahrdeh/ehstah nohcheh?

3 Conversation

Would you like to go _____ out with me?	¿Le(te) apetece salir conmigo? *leh(teh) ahpehtehtheh sahleer kohnmeegoh?*
Would you like to go _____ dancing with me?	¿Le(te) apetece ir a bailar conmigo? *leh(teh) ahpehtehtheh eer ah baylahr kohnmeegoh?*
Would you like to have _____ lunch/dinner with me?	¿Le(te) apetece comer/cenar conmigo? *leh(teh) ahpehtehtheh kohmehr/thenahr kohnmeegoh?*
Would you like to come _____ to the beach with me?	¿Le(te) apetece ir a la playa conmigo? *leh(teh) ahpehtehtheh eer ah lah plahyah kohnmeegoh?*
Would you like to come _____ into town with us?	¿Le apetece ir a la ciudad con nosotros? *leh ahpehtehtheh eer ah lah thyoodahdh kohn nohsohtrohs?*
Would you like to come _____ and see some friends with us?	¿Le apetece ir a casa de unos amigos con nosotros? *leh ahpehtehtheh eer ah kahsah deh oonohs ahmeegohs kohn nohsohtrohs?*
Shall we dance? _____	¿Bailamos? *baylahmohs?*
– sit at the bar? _____	¿Vienes a sentarte conmigo en la barra? *byehnehs ah sehntahrteh kohnmeegoh ehn lah bahrrah?*
– get something to drink? _____	¿Vamos a beber algo? *bahmohs ah behbehr ahlgoh?*
– go for a walk/drive? _____	¿Vamos a dar una vuelta? *bahmohs ah dahr oonah bwehltah?*
Yes, all right _____	Sí, vamos *see, bahmohs*

Good idea _____	Buena idea
	bwehnah eedehah
No (thank you)_____	No (gracias)
	noh (grahthyahs)
Maybe later _____	Quizá más tarde
	keethah mahs tahrdeh
I don't feel like it _____	No me apetece
	noh meh ahpehtehtheh
I don't have time_____	No tengo tiempo
	noh tehngoh tyehmpoh
I already have a date _____	Ya tengo otro compromiso
	yah tehngoh ohtroh kohmprohmeesoh
I'm not very good at _____	No sé bailar/jugar al vóleibol/nadar
dancing/volleyball/	*noh seh baylahr/hoogahr ahl*
swimming	*vohleheebohl/nahdahr*

3.7 Chatting someone up

I like being with you_____	Me gusta estar contigo
	meh goostah ehstahr kohnteegoh
I've missed you so much _____	Te he echado mucho de menos
	teh eh ehchahdoh moochoh deh mehnohs
I dreamt about you_____	He soñado contigo
	eh sohnyahdoh kohnteegoh
I think about you all day_____	Pienso todo el día en ti
	pyehnsoh tohdoh ehl deeah ehn tee
You have such a sweet _____	Tienes una sonrisa muy bonita
smile	*tyehnehs oonah sohnreesah mwee*
	bohneetah

Conversation

You have such beautiful _____ eyes	Tienes unos ojos muy bonitos *tyehnehs oonohs ohhohs mwee bohneetohs*
I'm in love with you _____	Estoy enamorado/enamorada de ti *ehstoy ehnahmohrahdoh/ehnahmohrahdah deh tee*
I'm in love with you too _____	Yo también de ti *yoh tahmbyehn deh tee*
I love you _____	Te quiero *teh kyehroh*
I love you too_____	Yo también a ti *yoh tahmbyehn ah tee*
I don't feel as strongly_____ about you	Yo no siento lo mismo por ti *yoh noh syehntoh loh meesmoh pohr tee*
I already have a_____ boyfriend/girlfriend	Ya tengo pareja *yah tehngoh pahrehhah*
I'm not ready for that_____	Yo no estoy preparado(a) *yoh noh ehstoy prehpahrahdoh/ah*
This is going too fast_____ for me	Vamos demasiado rápido *bahmohs dehmahsyahdoh rahpeedoh*
Take your hands off me _____	No me toque(s) *noh meh tohkeh(s)*
Okay, no problem _____	Vale, no importa *bahleh, noh eempohrtah*
Will you stay with me _____ tonight?	¿Te quedas a dormir? *teh kehdahs ah dohrmeer?*
I'd like to go to bed _____ with you	Me gustaría acostarme contigo *meh goostahreeah ahkohstahrmeh kohnteegoh*

50

Only if we use a condom _____	Sólo si usamos condón *sohloh see oosahmohs kohndohn*
We have to be careful _____ about AIDS	Hay que tener cuidado por lo del Sida *ay keh tehnehr kweedahdoh pohr loh dehl seedah*
That's what they all say _____	Eso es lo que dicen todos *ehsoh ehs loh keh deethehn tohdohs*
We shouldn't take any_____ risks	Más vale no arriesgarse *mahs bahleh noh ahrryehsgahrseh*
Do you have a condom?_____	¿Llevas condones? *lyehbahs kohndohnehs?*
No? In that case we _____ won't do it	¿No? Pues entonces no *noh? pwehs ehntohnthehs noh*

3.8 Arrangements

When will I see _____ you again?	¿Cuándo te veo? *kwahndoh teh behoh?*
Are you free over the_____ weekend?	¿Tiene tiempo este fin de semana? *tyehneh tyehmpoh ehsteh feen deh sehmahnah?*
What shall we arrange? _____	¿Cómo quedamos? *kohmoh kehdahmohs?*
Where shall we meet?_____	¿Dónde nos encontramos? *dohndeh nohs ehnkohntrahmohs?*
Will you pick me/us up? _____	¿Me/nos pasa a buscar? *meh/nohs pahsah ah booskahr?*
Shall I pick you up? _____	¿Lo/la paso a buscar? *loh/lah pahsoh ah booskahr?*

I have to be home by... _____ Tengo que estar en casa a las...
tehngoh keh ehstahr ehn kahsah ah lahs...

I don't want to see _____ No quiero volver a verlo/verla
you anymore *noh kyehroh bohlbehr ah behrloh/behrlah*

3.9 Saying goodbye

Can I take you home? _____ ¿Lo/la acompaño a su casa?
loh/lah ahkohmpahnyoh ah soo kahsah?

Can I write/call you? _____ ¿Puedo escribirle/llamarlo/llamarla por teléfono?
pwehdoh ehskreebeerleh /lyahmahrloh/ lyahmahrlah pohr tehlehfohnoh?

Will you write/call me? _____ ¿Me escribirá/llamará por teléfono?
meh ehskreebeerah/lyahmahrah pohr tehlehfohnoh?

Can I have your _____ ¿Me da su dirección/número de
address/phone number? teléfono?
meh dah soo deerehkthyohn/noomehroh deh tehlehfohnoh?

Thanks for everything _____ Gracias por todo
grahthyahs pohr tohdoh

It was very nice _____ Lo hemos pasado muy bien
loh ehmohs pahsahdoh mwee byehn

Say hello to... _____ Recuerdos a...
rehkwehrdohs ah...

All the best _____ Te deseo lo mejor
teh dehsehoh loh mehhohr

Good luck _____
Que te vaya bien
keh teh bahyah byehn

When will you be back? _____
¿Cuándo vuelves?
kwahndoh bwehlbehs?

I'll be waiting for you_____
Te esperaré
teh ehspehrahreh.

I'd like to see you again _____
Me gustaría volver a verte
meh goostahreeah bohlbehr ah behrteh

I hope we meet _____
  again soon
Espero que nos volvamos a ver pronto
ehspehroh keh nohs bohlbahmohs ah behr prohntoh

This is our address. _____
  If you're ever in the UK
Esta es nuestra dirección. Si alguna vez pasa por el Reino Unido...
ehstah ehs nwehstrah deerehkthyohn. see ahlgoonah behth pahsah pohr ehl reheenoh ooneedoh...

You'd be more than _____
  welcome
Está cordialmente invitado
ehstah kohrdyahlmehnteh eenbeetahdoh

4 Eating out

● **In Spain** people usually have three meals:

1 *El desayuno* (breakfast) approximately between 7 and 10am. Breakfast is light and consists of *café con leche* (white coffee), a croissant or *suizo* (light sugary bun) or *tostadas* (toast).

2 *El almuerzo* (lunch) approx. between 2 and 4pm, though hotels usually serve at standard times. Lunch always includes a hot dish and is the most important meal of the day. Office workers and schoolchildren still lunch at home. It usually consists of four courses:
– starter (which can be a plate of greens)
– main course
– dessert
– fruit

3 *La cena* (dinner) between 9 and 11pm, 8pm in most hotels. Dinner is usually a light, hot meal, taken with the family.
At around 6 or 7pm, a snack (*la merienda*) is often served, consisting frequently of sandwiches with *chorizo* or *jamón serrano* and *pastas* (biscuits) or small cakes. *Pinchos* and *tapas* are often taken at bars with an apéritif, either in the late morning or the evening.

4.1 On arrival

I'd like to book a table _____ for seven o'clock, please	¿Podría reservar una mesa para las siete? *pohdreeah rehsehrbahr oonah mehsah pahrah lahs syehteh?*

4 Eating out

I'd like a table for two, _____ please	Quisiera una mesa para dos personas *keesyehrah oonah mehsah pahrah dohs pehrsohnahs*
We've/we haven't booked _____	(No) hemos reservado *(noh) ehmohs rehsehrbahdoh*
Is the restaurant open _____ yet?	¿Ya está abierto el restaurante? *yah ehstah ahbyehrtoh ehl rehstahoorahnteh?*
What time does the _____ restaurant open/close?	¿A qué hora abre/cierra el restaurante? *ah keh ohrah ahbreh/thyehrrah ehl rehstahoorahnteh?*
Can we wait for a table? _____	¿Podemos esperar hasta que se desocupe una mesa? *pohdehmohs ehspehrahr ahstah keh seh dehsohkoopeh oonah mehsah?*
Do we have to wait long? _____	¿Tenemos que esperar mucho? *tehnehmohs keh ehspehrahr moochoh?*
Is this seat taken? _____	¿Está ocupada esta silla? *ehstah ohkoopahdah ehstah seelyah?*

▶

¿Ha reservado mesa? _____	Do you have a reservation?
¿A nombre de quién? _____	What name, please?
Por aquí, por favor. _____	This way, please
Esta mesa está reservada _____	This table is reserved
En quince minutos quedará libre _____ una mesa	We'll have a table free in fifteen minutes.
¿Le importaría esperar (en la barra)? __	Would you like to wait (at the bar)?

Could we sit here/there? _____ | ¿Podemos sentarnos aquí/allí?
pohdemohs sehntahrnohs ahkee/ahlyee?

Can we sit by the _____ window? | ¿Podemos sentarnos junto a la ventana?
pohdehmohs sehntahrnohs hoontoh ah lah behntahnah?

Can we eat outside? _____ | ¿Podemos comer afuera?
pohdehmohs kohmehr ahfwehrah?

Do you have another _____ chair for us? | ¿Podría traernos otra silla?
pohdreeah trahehrnohs ohtrah seelyah?

Do you have a _____ highchair? | ¿Podría traernos una silla para niños?
pohdreeah trahehrnohs oonah seelyah pahrah neenyohs?

Is there a socket for _____ this bottle-warmer? | ¿Hay un enchufe para este calentador de biberones?
ay oon ehnchoofeh pahrah ehsteh kahlehntahdohr deh beebehrohnehs?

Could you warm up _____ this bottle/jar for me? | ¿Podría calentarme este biberón/este bote?
pohdreeah kahlehntahrmeh ehsteh beebehrohn/ehsteh bohteh?

Not too hot, please _____ | Que no esté muy caliente, por favor
keh noh ehsteh mwee kahlyehnteh pohr fahbohr

Is there somewhere I _____ can change the baby's nappy? | ¿Hay algún lugar para cambiar al bebé?
ay ahlgoon loogahr pahrah kahmbyahr ahl behbeh?

Where are the toilets? _____ | ¿Dónde están los servicios?
dohnde ehstahn lohs sehrbeethyohs?

4.2 Ordering

Waiter! _____	¡Camarero!
	kahmahrehroh!
Madam!/Sir! _____	¡Oiga, (por favor)!
	oygah (pohr fahbohr)!
We'd like something to _____ eat/a drink	Quisiéramos comer/beber algo
	keesyehrahmohs kohmehr/behber ahlgoh
Could I have a quick_____ meal?	¿Podría comer algo rápido?
	pohdreeah kohmehr ahlgoh rahpeedoh?
We don't have much _____ time	Tenemos poco tiempo
	tehnehmohs pohkoh tyehmpoh
We'd like to have a_____ drink first	Antes quisiéramos beber algo
	ahntehs keesyehrahmohs behbehr ahlgoh
Could we see the _____ menu/wine list, please?	¿Nos podría traer la carta/la carta de vinos?
	nohs pohdreeah trahehr lah kahrtah/lah kahrtah deh beenohs?
Do you have a menu _____ in English?	¿Tienen menú en inglés?
	tyehnehn mehnoo ehn eenglehs?
Do you have a dish _____ of the day?	¿Tienen menú del día/menú turístico?
	tyehnehn mehnoo dehl deeah/mehnoo tooreesteekoh?
We haven't made a _____ choice yet	Todavía no hemos elegido
	tohdahbeeah noh ehmohs ehlehheedoh
What do you_____ recommend?	¿Qué nos recomienda?
	keh nohs rehkohmyehndah?

What are the specialities _____ of the region/the house?	¿Cuáles son las especialidades de la región/de la casa?
	kwahlehs sohn lahs ehspehthyahleedahdehs deh lah rehhyohn/deh lah kahsah?
I like strawberries/olives _____	Me gustan las fresas/las aceitunas
	meh goostahn lahs frehsahs/lahs ahtheheetoonahs
I don't like meat/fish/... _____	No me gusta el pescado/la carne/...
	noh meh goostah ehl pehskahdoh/lah kahrneh/...
What's this? _____	¿Qué es esto?
	keh ehs ehstoh?
Does it have...in it? _____	¿Lleva...?
	lyehbah...?
What does it taste like? _____	¿A qué sabe?
	ah keh sahbeh?
Is this a hot or a _____ cold dish?	¿Es un plato caliente o frío?
	ehs oon plahtoh kahlyehnteh oh freeoh?

▶

¿Van a tomar un aperitivo? _____	Would you like a drink first?
¿Ya han elegido? _____	Have you decided?
¿Qué van a tomar? _____	What would you like to eat?
Que aproveche _____	Enjoy your meal.
¿Quiere su bistec rojo, mediano _____ o muy hecho?	Would you like your steak rare, medium or well done?
¿Van a tomar postre/café? _____	Would you like a dessert/coffee?

4 Eating out

Is this sweet? _____	¿Es un plato dulce?
	ehs oon plahtoh doolthe?
Is this spicy? _____	¿Es un plato picante?
	ehs oon plahtoh peekahnteh?
Do you have anything _____ else, please?	¿Tendría otra cosa?
	tehndreeah ohtrah kohsah?
I'm on a salt-free diet _____	No puedo comer sal
	noh pwehdoh kohmehr sahl
I can't eat pork _____	No puedo comer carne de cerdo
	noh pwehdoh kohmehr kahrneh deh thehrdoh
– sugar _____	No puedo comer azúcar
	noh pwehdo kohmehr ahthookahr
– fatty foods _____	No puedo comer grasa
	noh pwehdoh kohmehr grahsah
– (hot) spices _____	No puedo comer cosas picantes
	noh pwehdoh kohmehr kohsahs peekahntehs
I'll/we'll have what those _____ people are having	Lo mismo que esos señores, por favor
	loh meesmoh keh ehsohs sehnyohrehs pohr fahbohr
I'd like... _____	Para mí...
	pahrah mee...
We're not having a _____ starter	No vamos a comer primer plato
	noh bahmohs ah kohmehr preemehr plahtoh
The child will share _____ what we're having	El niño/la niña comerá de nuestro menú
	ehl neenyoh/lah neenyah kohmehrah deh nwehstroh mehnoo

Could I have some _____
  more bread, please?

– a bottle of water/wine _____

– another helping of... _____

– some salt and pepper_____

– a napkin _____

– a spoon_____

– an ashtray _____

– some matches _____

– some toothpicks_____

– a glass of water _____

Más pan, por favor
mahs pahn pohr fahbohr

Otra botella de agua/de vino, por favor
*ohtrah bohtehlyah deh ahgwah/deh
beenoh, pohr fahbohr*

Otra ración de..., por favor
ohtrah rahthyohn deh..., pohr fahbohr

¿Podría traerme sal y pimienta?
*pohdreeah trahehrmeh sahl ee
peemyehntah?*

¿Podría traerme una servilleta?
*pohdreeah trahehrmeh oonah
sehrbeelyehtah?*

¿Podría traerme una cuchara?
pohdreeah trahehrmeh oonah koochahrah?

¿Podría traerme un cenicero?
*pohdreeah trahehrmeh oon
thehneethehroh?*

¿Podría traerme unas cerillas?
*pohdreeah trahehrmeh oonahs
thehreelyahs?*

¿Podría traerme unos palillos?
*pohdreeah trahehrmeh oonohs
pahleelyohs?*

¿Podría traerme un vaso de agua?
*pohdreeah trahehrmeh oon bahsoh deh
ahgwah?*

– a straw (for the child) _____	¿Podría traerme una pajita (para el niño/ la niña)?
	pohdreeah trahehrmeh oonah pahheetah (pahrah ehl neenyoh/lah neenyah)?
Enjoy your meal! _____	¡Que aproveche!
	keh ahprohbehcheh!
You too! _____	Igualmente
	eegwahlmehnteh
Cheers! _____	¡Salud!
	sahloodh!
The next round's on me _____	La próxima ronda la pago yo
	lah prohxeemah rohndah lah pahgoh yoh
Could we have a doggy _____ bag, please?	¿Podemos llevarnos las sobras?
	pohdehmohs lyehbarnohs lahs sohbrahs?

4.3 The bill

See also 8.2 Settling the bill

How much is this dish? _____	¿Cuánto vale este plato?
	kwahntoh bahleh ehsteh plahtoh?
Could I have the bill, _____ please?	La cuenta, por favor
	lah kwehntah, pohr fahbohr
All together _____	Todo junto
	tohdoh hoontoh
Everyone pays separately _____	Cada uno paga lo suyo
	kahdah oonoh pahgah loh sooyoh

Could we have the menu _____
  again, please?

¿Podría traernos otra vez la carta?
pohdreeah trahehrnohs ohtrah behth lah kahrtah?

The...is not on the bill _____

Ha olvidado apuntar el/la...
ah olbeedahdoh ahpoontahr ehl/lah...

4.4 Complaints

It's taking a very _____
  long time

Están tardando mucho
ehstahn tahrdahndoh moochoh

We've been here an _____
  hour already

Ya llevamos una hora aquí
yah lyebahmohs oonah ohrah ahkee

This must be a mistake_____

Esto tiene que ser una equivocación
ehstoh tyehneh keh sehr oonah ehkeebohkahthyohn

This is not what I _____
  ordered

Esto no es lo que he pedido
ehstoh noh ehs loh keh eh pehdeedoh

I ordered... _____

He pedido...
eh pehdeedoh

There's a dish missing _____

Falta un plato
fahltah oon plahtoh

This is broken/not clean _____

Esto está roto/no está limpio
ehstoh ehstah rohtoh/noh ehstah leempyoh

The food's cold _____

La comida está fría
lah kohmeedah ehstah freeah

– not fresh_____

La comida no es fresca
lah kohmeedah noh ehs frehskah

– too salty/sweet/spicy _____	La comida está muy salada/dulce/picante
	lah kohmeedah ehstah mwee sahlahdah/dooltheh/peekahnteh
The meat's not done _____	La carne está cruda
	lah kahrneh ehstah kroodah
– overdone _____	La carne está muy hecha
	lah kahrneh ehstah mwee ehchah
– tough _____	La carne está dura
	lah kahrneh ehstah doorah
– off _____	La carne está podrida
	lah kahrneh ehstah pohdreedah
Could I have something _____ else instead of this?	¿Me podría traer otra cosa en lugar de esto?
	meh pohdreeah trahehr ohtrah kohsah ehn loogahr deh ehstoh?
The bill/this amount is _____ not right	La cuenta/este precio está mal
	lah kwehntah/ehsteh prehthyoh ehstah mahl
We didn't have this _____	Esto no lo hemos comido/bebido
	ehstoh noh loh ehmohs kohmeedoh/behbeedoh
There's no paper in the _____ toilet	No hay papel en el servicio
	noh ay pahpehl ehn ehl sehrbeethyoh
Do you have a _____ complaints book?	¿Tienen libro de quejas?
	tyehnen leebroh deh kehhas?
Will you call the _____ manager, please?	Haga el favor de llamar al jefe
	ahgah ehl fahbohr deh lyamahr ahl hehfeh

4.5 Paying a compliment

That was a wonderful _____ meal	Hemos comido muy bien *ehmohs kohmeedoh mwee byehn*
The food was excellent _____	La comida ha estado exquisita *lah kohmeedah ah ehstahdoh ehxkeeseeetah*
The...in particular was_____ delicious	Sobre todo nos ha gustado el/la... *sohbreh tohdoh nohs ah goostahdoh ehl/lah...*

4.6 The menu

aperitivo
  apéritif
aves
  poultry
azúcar
  sugar
bebidas alcohólicas
  alcoholic beverages
bebidas calientes
  hot beverages
carta de vinos
  wine list
cócteles
  cocktails
cubierto
  cover charge

entremeses variados
  hors d'oeuvres
mariscos
  seafood
pastelería
  pastry
pescados
  fish
platos calientes
  hot dishes
platos combinados
  combined dishes
plato del día
  dish of the day
platos fríos
  cold dishes

platos principales
  main courses
platos típicos
  regional specialities
postres
  sweets/dessert
primeros platos
  starters
raciones portions
servicio incluido
  service included
sopas soups
tapas tapas
venado game
verduras
  vegetables

4 Eating out

4.7 Alphabetical list of drinks and dishes

aceituna
  olive
aguacate
  avocado
ajo garlic
albóndigas
  meat balls
alcachofa
  artichoke
almejas
  clams
almendras
  almonds
ancas de rana
  frog's legs
anchoa/boquerón
  anchovy
anguila eel
anís
  aniseed
apio
  celery
arenque
  herring
arroz rice
asado roast,
  roasted

atún/bonito tuna
avellana
  hazelnut
bacalao cod
batido de...
  ...milk shake
berenjena
  aubergine
biftec steak
bizcocho (borracho)
  sponge cake(with
  sherry or similar)
bocadillo
  sandwich
buey/vaca beef
cabrito kid
café (solo/con leche)
  coffee (black/white)
calamares (en su tinta)
  squid (cooked in their
  ink)
caldo broth
callos tripe
cangrejo crab
caracoles snails
carne meat
carpa carp

castaña chestnut
cebolla onion
cerdo pork
cerezas cherries
cerveza beer
chorizo
  chorizo (paprika
  flavoured salami
  sausage)
chucrut sauerkraut
chuleta/costilla
  chop
churros
  fritters
ciervo venison
cigalas
  Dublin Bay prawns
ciruela plum
cochinillo asado
  roast suckling pig
cocido boiled
codorniz quail
col/berza cabbage
coles de Bruselas
  Brussels sprouts
coliflor
  cauliflower

coñac brandy
conejo rabbit
copa helada/helado
  ice cream
cordero lamb
crema/nata cream
criadillas/mollejas
  sweetbreads
crudo raw
cuba libre
  rum coke
dátil date
dulce sweet
emperador
  swordfish
en escabeche
  pickled
endibia
  chicory/endive
ensalada (mixta)
  mixed salad
ensaladilla rusa
  Russian salad
escalope
  escalope
espárragos
  asparagus
especies spices
espinaca spinach

fideos
  noodles
filete fillet
flan
  cream caramel
frambuesa
  raspberry
fresa
  strawberry
frito fried
fruta (del tiempo)
  seasonal fruit
galleta biscuit
gambas
  prawns
garbanzos
  chick peas
gazpacho andaluz
  gazpacho (cold soup)
granizado de limón/café
  iced drink
  (lemon/coffee)
grosellas
  red/black currants
guisado stew
guisantes peas
habas
  broad beans
harina flour

hígado de oca
  goose liver
higo fig
huevos al plato/
  duros/revueltos
  fried/hard
  boiled/scrambled eggs
jamón de York/serrano
  ham (cooked/Parma
  style)
jerez (seco, dulce)
  sherry (dry, sweet)
judías verdes
  French beans
jugo/zum
  fruit juice
langosta
  lobster
langostino
  crayfish
leche milk
lechuga lettuce
legumbres
  vegetables (legumes)
lengua
  tongue
lenguado sole
lentejas
  lentils

licor
  liqueur
liebre
  hare
limón
  lemon
lomo de cerdo
  tenderloin of pork
maíz (mazorca)
  corn (on the cob)
mantequilla
  butter
manzana
  apple
mazapán
  marzipan
mejillones
  mussels
melocotón (en almíbar)
  peach (in syrup)
melón
  melon
membrillo
  quince
merluza
  hake
mermelada jam
mero
  sea bass

morcilla
  black pudding
mostaza
  mustard
muslo de pollo
  drumstick
nuez
  walnut
ostras
  oysters
paella
  paella
pan
  bread
pastel
  cake
patatas fritas
  chips/crisps
pato (silvestre)
  (wild) duck
pechuga (de pollo)
  (chicken) breast
pepino
  cucumber
pepinillos
  gherkins
pera pear
perdiz
  partridge

perejil
  parsley
pescado fish
picadillo de ternera
  minced veal
pierna (de cordero)
  leg (of lamb)
pimentón
  paprika
pimienta
  pepper
pimientos
  green/red peppers
piña
  pineapple
plancha (a la)
  grilled
plátano
  banana
plato principal
  main course
platos típicos
  regional specialities
pollo
  chicken
puerro
  leek
pulpo
  octopus

queso
  cheese
rábanos
  radishes
rabo de buey oxtail
rape
  monkfish
remolacha
  beetroot
riñones
  kidneys
rodaballo
  turbot
romana (a la)
  deep fried
vino rosado
  rosé wine
salchicha
  sausage
salchichón
  salami
salmón
  salmon
salmón ahumado
  smoked salmon
salmonete
  red mullet
sandía
  water melon

sangría
  sangría
sardinas
  sardines
setas
  mushrooms
solomillo de buey
  fillet of beef
sopa
  soup
tarta helada
  ice cream cake
ternera
  veal
tinto
  red wine
tocino
  bacon
tortilla española
  Spanish omelette
  (potato)
tortilla francesa
  plain omelette
tortitas
  waffles
trucha
  trout
trufas
  truffles

turrón
  nougat
uvas
  grapes
verduras
  green vegetables
vinagre
  vinegar
zanahorias
  carrots
zumo de naranja
  orange juice

5

On the road

5.1 Asking for directions

Excuse me, could I ask _____ you something?	Perdone, ¿podría preguntarle algo? *pehrdohneh, pohdreeah prehgoontahrleh ahlgoh?*
I've lost my way _____	Me he perdido *meh eh pehrdeedoh*
Is there a(n)... _____ around here?	¿Sabe dónde hay un(a)...por aquí? *sahbeh dohndeh ay oon(ah)...pohr ahkee?*
Is this the way to...? _____	¿Se va por aquí a...? *seh bah pohr ahkee ah...?*
Could you tell me _____ how to get to the... (name of place) by car/on foot?	¿Podría decirme cómo llegar a... (en coche/a pie)? *pohdreeah dehtehermeh kohmoh lyehgahr ah... (ehn kohcheh/ah pyeh)?*
What's the quickest _____ way to...?	¿Cómo hago para llegar lo antes posible a...? *kohmoh ahgoh pahrah lyehgahr loh ahntehs pohseebleh ah...?*

►

No sé; no soy de aquí _____	I don't know, I don't know my way around here
Por aquí no es _____	You're going the wrong way
Tiene que volver a... _____	You have to go back to...
Allí los carteles le indicarán _____	From there on just follow the signs
Vuelva a preguntar allí _____	When you get there, ask again

todo recto
  straight ahead
	la calle
	  the street
		el viaducto
		  the fly-over

a la izquierda
  left
	el semáforo
	  the traffic light
		el puente
		  the bridge

a la derecha
  right
	el túnel
	  the tunnel
		el paso a nivel/las
		  barreras

doblar
  turn
	el stop
	  the `give way' sign
		the level crossing/the
		  boom gates

seguir
  follow
	el edificio
	  the building
		el cartel en dirección de...
		  the sign pointing to...

cruzar
  cross
	en la esquina
	  at the corner
		la flecha
		  the arrow

el cruce
  the intersection
	el río
	  the river	

How many kilometres _____
  is it to...?

¿Cuántos kilómetros faltan para llegar
a...?
*kwahntohs keelohmehtrohs fahltahn
pahrah lyehgahr ah...?*

Could you point it_____
  out on the map?

¿Podría señalarlo en el mapa?
*pohdreeah sehnyahlahrloh ehn ehl
mahpah?*

5.2 Customs

● **Border documents**: valid passport, visa. For car and motorbike: valid UK driving licence and registration document, insurance document, green card, UK registration plate.
Import and export specifications:
– Foreign currency: no restrictions
– Alcohol: 10 litres of spirits and 90 litres of wine. Tobacco: 800 cigarettes, 200 cigars or a kilo of tobacco. Restricted to personal consumption only.

➤

Su pasaporte, por favor _____	Your passport, please
La tarjeta verde, por favor _____	Your green card, please
El permiso de circulación/la carta_____ gris, por favor	Your vehicle documents, please
¿Adónde va?_____	Where are you heading?
¿Cuánto tiempo piensa quedarse? ____	How long are you planning to stay?
¿Tiene algo que declarar?_____	Do you have anything to declare?
¿Puede abrir esto? _____	Open this, please

My children are entered _____ on this passport	Mis hijos están apuntados en este pasaporte *mees ee̱hohs ehstahn ahpoontahdohs ehn ehsteh pahsahpohrteh*
I'm travelling through _____	Estoy de paso *ehstoy deh pahsoh*
I'm going on holiday to... _____	Voy de vacaciones a... *boy deh bahkahthyohnehs ah...*

I'm on a business trip _____	He venido en viaje de negocios *eh behneedoh ehn byah_h_eh deh nehgohthyohs*
I don't know how long _____ I'll be staying yet	Todavía no sé cuánto tiempo me quedaré *tohdahbeeah noh seh kwahntoh tyehmpoh meh kehdahreh*
I'll be staying here for _____ a weekend	Pienso quedarme un fin de semana *pyehnsoh kehdahrmeh oon feen deh sehmahnah*
– for a few days_____	Pienso quedarme unos días *pyehnsoh kehdahrmeh oonohs deeahs*
– for a week _____	Pienso quedarme una semana *pyehnsoh kehdahrmeh oonah sehmahnah*
– for two weeks_____	Pienso quedarme dos semanas *pyehnsoh kehdahrmeh dohs sehmahnahs*
I've got nothing to _____ declare	No tengo nada que declarar *noh tehngoh nahdah keh dehklahrahr*
I've got...with me _____	Traigo... *trahygoh...*
– ...cartons of cigarettes _____	Traigo...cartones de cigarrillos *trahygoh...kahrtohnehs deh theegahrreelyohs*
– ...bottles of... _____	Traigo...botellas de... *trahygoh...bohtehlyahs deh...*
– some souvenirs _____	Traigo algunos recuerdos de viaje *trahygoh ahlgoonohs rehkwehrdohs de byah_h_eh*

These are personal _____ effects	Estos son artículos personales *ehstohs sohn ahrteekoolohs pehrsohnahlehs*
These are not new _____	Estas cosas no son nuevas *ehstahs kohsahs noh sohn nwehbahs*
Here's the receipt _____	Aquí está el recibo *ahkee ehstah ehl rehtheeboh*
This is for private use _____	Esto es para uso personal *ehstoh ehs pahrah oosoh pehrsohnahl*
How much import duty _____ do I have to pay?	¿Cuánto tengo que pagar por derechos de aduana? *kwahntoh tehngoh keh pahgahr pohr dehrehchohs deh ahdwahnah?*
Can I go now? _____	¿Puedo seguir? *pwehdoh sehgheer?*

5.3 Luggage

Porter! _____	¡Mozo! *mohthoh!*
Could you take this _____ luggage to...?	¿Podría llevar este equipaje a...? *pohdreeah lyehbahr ehsteh ehkeepahheh ah...?*
How much do I _____ owe you?	¿Cuánto le debo? *kwahntoh leh dehboh?*
Where can I find a _____ luggage trolley?	¿Dónde hay carritos para el equipaje? *dohndeh ay kahrreetohs pahrah ehl ehkeepahheh?*

Could you store this _____ luggage for me?	¿Podría dejar este equipaje en la consigna?
	pohdreeah dehhahr ehsteh ehkeepahheh ehn lah kohnseegnah?
Where are the luggage _____ lockers?	¿Dónde está la consigna automática?
	dohndeh ehstah lah kohnseegnah ahootohmahteekah?
I can't get the locker _____ open	No logro abrir la puerta de la consigna
	noh lohgroh ahbreer lah pwehrtah deh lah kohnseegnah
How much is it per item _____ per day?	¿Cuánto sale por bulto y por día?
	kwahntoh sahleh pohr booltoh ee pohr deeah?
This is not my bag/_____ suitcase	Este/ésta no es mi bolso/mi maleta
	ehsteh/ehstah noh ehs mee bohlsoh/mee mahlehtah
There's one item/bag/ _____ suitcase missing still	Todavía falta un bulto/un bolso/una maleta
	tohdahbeeah fahltah oon booltoh/oon bohlsoh/oonah mahlehtah
My suitcase is damaged _____	Me han dañado la maleta
	meh ahn dahnyahdoh lah mahlehtah

5.4 Traffic signs

a la derecha right
a la izquierda left
abierto open
altura máxima maximum
  height
arcenes sin afirmar soft
  verges
¡atención, peligro!
  danger
autopista de peaje
  toll road
autovía motorway
bajada peligrosa
  steep hill
calzada resbaladiza
  slippery road
cambio de sentido
  change of direction
cañada animals crossing
carretera comarcal
  secondary road
carretera cortada
  road closed
carretera en mal estado
  irregular road surface
carretera nacional
  main road

ceda el paso
  give way
cerrado closed
cruce peligroso
  dangerous crossing
curvas en ... km bends
  for...km
despacio drive slowly
desprendimientos
  loose rocks
desvío diversion
dirección prohibida
  no entry
dirección única
  one-way traffic
encender las luces
  switch on lights
espere wait
estacionamiento
  reglamentado
  limited parking zone
excepto... except for...
fin de... end of...
hielo ice on road
niebla beware fog
obras
  roadworks ahead

paso a nivel (sin
  barreras) level crossing
  (no gates)
paso de ganado
  cattle crossing
peaje toll
peatones pedestrian
  crossing
precaución caution
prohibido aparcar
  no parking
prohibido adelantar
  no overtaking
puesto de socorro
  first aid
salida exit
salida de camiones
  factory/works exit
substancias peligrosas
  dangerous substances
travesía peligrosa
  dangerous crossing
zona peatonal
  pedestrian zone

5.5 The car

● **The motorways in Spain** have been very well updated and expanded. Tolls, however, can be expensive.

Particular traffic regulations:
maximum speed for cars:
120km/h on toll roads; 110km/h on other motorways; 60km/h in town centres
– give way: all traffic from the right has the right of way, except for major roads and thoroughfares.
– towing: prohibited to private drivers.

5.6 The petrol station

● **Petrol is easily available** but rather expensive in Spain.

How many kilometres to _____ the next petrol station, please?	¿Cuántos kilómetros faltan para la próxima gasolinera? *kwahntohs keelohmehtrohs fahltahn pahrah lah prohxeemah gahsohleenehrah?*
I would like...litres of..., _____ please	Póngame...litros de..., por favor *pohngahmeh...leetrohs deh..., pohr fahbohr*
– super _____	Póngame...litros de gasolina súper *pohngahmeh...leetrohs de gahsohleenah soopehr*
– leaded _____	Póngame...litros de gasolina normal *pohngahmeh...leetrohs deh gahsohleenah nohrmahl*

78

– unleaded _____	Póngame...litros de gasolina sin plomo *pohngahmeh...leetrohs deh gahsohleenah seen plohmoh*
– diesel _____	Póngame...litros de gasóleo *pohngahmeh...leetrohs deh gahsohlehoh*
I would like...pesetas' _____ worth of petrol, please	Póngame gasolina por...pesetas *pohngahmeh gahsohleenah pohr...pehsehtahs*
Fill her up, please _____	Lléneme el depósito, por favor *lyehnehmeh ehl dehpohseetoh, pohr fahvohr*
Could you check...? _____	¿Podría controlar...? *pohdreeah kohntrohlahr?*
– the oil level _____	¿Podría controlar el nivel del aceite? *pohdreeah kohntrohlahr ehl neebehl dehl ahtheheeteh?*
– the tyre pressure _____	¿Podría controlar la presión de los neumáticos? *pohdreeah kohntrohlahr lah prehsyohn deh lohs nehoomahteekohs?*
Could you change the _____ oil, please?	¿Podría cambiar el aceite? *pohdreeah kahmbyahr ehl atheheeteh?*
Could you clean the _____ windows/the windscreen, please?	¿Podría limpiar los cristales/el parabrisas? *pohdreeah leempyahr lohs kreestahlehs/ehl pahrahbreesahs?*
Could you give the car _____ a wash, please?	¿Podría lavar el coche? *pohdreeah lahbahr ehl kohcheh?*

5.7 Breakdown and repairs

I'm having car trouble. _____ Could you give me a hand?	Tengo una avería. ¿Podría ayudarme? *tehngoh oonah ahbehreeah. pohdreeah ahyoodahrmeh?*
I've run out of petrol _____	Me he quedado sin gasolina *meh eh kehdahdoh seen gahsohleenah*
I've locked the keys _____ in the car	Me he dejado las llaves en el coche *meh eh dehhahdoh lahs lyabehs ehn ehl kohcheh*
The car/motorbike/ _____ moped won't start	El coche/la moto/el ciclomotor no arranca *ehl kohcheh/lah mohtoh/ehl theeklohmohtohr noh ahrrahnkah*
Could you contact the _____ recovery service for me, please?	¿Podría avisar al auxilio en carretera? *pohdreeah ahbeesar ahl ahooxeelyoh ehn kahrrehtehrah?*
Could you call a garage _____ for me, please?	¿Podría llamar por teléfono a un taller mecánico? *pohdreeah lyahmahr pohr tehlehfohnoh ah oon tahlyehr mehkahneekoh?*
Could you give me _____ a lift to...?	¿Me podría llevar a...? *meh pohdreeah lyehbahr ah...?*
– a garage/into town? _____	¿Me podría llevar a un taller mecánico/a la ciudad? *meh pohdreeah lyehbahr ah oon tahlyehr mehkahneekoh/ah lah thyoodahdh?*

– a phone booth? _____	¿Me podría llevar a una cabina de teléfonos? *meh pohdreeah lyehbahr ah oonah kahbeenah deh tehlehfohnohs?*
– an emergency phone? _____	¿Me podría llevar a un teléfono de emergencia? *meh pohdreeah lyehbahr ah oon tehlehfohnoh deh ehmehr<u>h</u>ehnthyah?*
Can we take my_____ bicycle/moped?	¿Podríamos llevar la bicicleta/el ciclomotor? *pohdreeahmohs lyehbahr lah beetheeklehtah/ehl theeklohmohtohr?*
Could you tow me to _____ a garage?	¿Podría remolcarme hasta un taller mecánico? *pohdreeah rehmohlkahrmeh ahstah oon tahlyehr mehkahneekoh?*
There's probably _____ something wrong with...(See also 5.8).	Me parece que está fallando el/la... *meh pahrehtheh keh ehstah fahlyahndoh ehl/lah...*
Can you fix it? _____	¿Podría arreglarlo? *pohdreeah ahrrehglahrloh?*
Could you fix my tyre? _____	¿Podría arreglar el neumático? *pohdreeah ahrrehglahr ehl nehoomahteekoh?*
Could you change this _____ wheel?	¿Podría cambiar esta rueda? *pohdreeah kahmbyahr ehstah rwehdah?*

The parts of a car

battery	la batería	*lah bahtehreeah*
rear light	el faro piloto	*ehl fahroh peelohtoh*
rear-view mirror	el retrovisor	*ehl rehtrohbeesohr*
reversing light	la luz de marcha atrás	*lah looth deh mahrchah ahtrahs*
aerial	la antena	*lah ahntehnah*
petrol tank	el depósito de gasolina	*ehl dehpohseetoh deh gahsohleenah*
sparking plugs	las bujías	*lahs booheeahs*
fuel filter/pump	el separador de gasolina	*ehl sehpahrahdohr deh gahsohleenah*
wing mirror	el espejo exterior	*ehl ehspehoh ehxtehryohr*
bumper	el parachoques	*ehl pahrahchohkehs*
carburettor	el carburador	*ehl kahrboorahdohr*
crankcase	el cárter	*ehl kahrtehr*
cylinder	el cilindro	*ehl theeleendroh*
ignition	los contactos del ruptor	*lohs kohntahktohs dehl rooptohr*
warning light	la luz piloto	*lah looth peelohtoh*
dynamo	la dinamo	*lah deenahmoh*
accelerator	el pedal del acelerador	*ehl pehdahl dehl ahtehlehrahdohr*
handbrake	el freno de mano	*ehl frehnoh deh mahnoh*
valve	la válvula	*lah bahlboolah*
silencer	el silenciador	*ehl seelehnthyahdohr*
headlight	el faro	*ehl fahroh*
crank shaft	el cigüeñal	*ehl theegwehnyahl*

air filter	el filtro de aire	*ehl feeltroh deh ayreh*
fog lamp	la luz antiniebla trasera	*lah looth ahnteenyehblah trahsehrah*
engine block	el bloque motor	*ehl blohkeh mohtohr*
camshaft	el árbol de levas	*ehl ahrbohl deh lehbahs*
oil filter/pump	el filtro de aceite	*ehl feeltroh deh ahtheheeteh*
pedal	el pedal	*ehl pehdahl*
door	la portezuela	*lah pohrtehthwehlah*
radiator	el radiador	*ehl rahdyahdohr*
brake disc	el disco del freno	*ehl deeskoh dehl frehnoh*
spare wheel	la rueda de reserva	*lah rwehdah deh rehsehrbah*
indicator	el intermitente	*ehl eentehrmeeteehnteh*
steering wheel	el volante	*ehl bohlahnteh*
windscreen wiper	el limpiaparabrisas	*ehl leempyahpahrahbreesahs*
shock absorbers	los amortiguadores	*lohs ahmohrteegwahdohrehs*
starter motor	el motor de arranque	*ehl mohtohr deh ahrrahnkeh*
steering column	el cárter de la dirección	*ehl kahrtehr deh lah deerehkthyohn*
exhaust pipe	el tubo de escape	*ehl tooboh deh ehskahpeh*
seat belt	el cinturón de seguridad	*ehl theentoorohn deh sehgooreedahdh*
fan	el ventilador	*ehl behnteelahdohr*
distributor cables	los cables del distribuidor	*lohs kahblehs dehl deestreebweedohr*
gear lever	la palanca de ambios	*lah pahlahnkah deh kahmbyohs*
windscreen	el parabrisas	*ehl pahrahbreesahs*
water pump	la bomba de agua	*lah bohmbah deh ahgwah*
wheel	la rueda	*lah rwehdah*

5 On the road

Can you fix it so it'll _____ get me to...?	¿Podría arreglarlo de tal manera que pueda seguir hasta...?
	pohdreeah ahrrehglahrloh deh tahl mahnehrah keh pwehdah sehgheer ahstah...?
Which garage can _____ help me?	¿En qué taller me podrán ayudar entonces?
	ehn keh tahlyehr meh pohdrahn ahyoodahr ehntohnthehs?
When will my car/bicycle _____ be ready?	¿Para cuándo estará mi coche/bicicleta?
	pahrah kwahndoh ehstahrah mee kohcheh/beetheeklehtah?
Can I wait for it here? _____	¿Puedo esperar aquí?
	pwehdoh ehspehrahr ahkee?
How much will it cost? _____	¿Por cuánto me va a salir?
	pohr kwahntoh meh bah ah sahleer?
Could you itemise _____ the bill?	¿Podría especificar la cuenta?
	pohdreeah ehspehtheefeekahr lah kwehntah?
Can I have a receipt for _____ the insurance?	¿Me podría dar un recibo para el seguro?
	meh pohdreeah dahr oon rehtheeboh pahrah ehl sehgooroh?

5.8 The bicycle/moped

● **Cycle paths** are rare in Spain. Not much consideration for bikes should be expected on the roads. The maximum speed for mopeds is 40km/h both inside and outside town centres. A helmet is compulsory.

►

No tengo piezas de recambio _____ para su coche/su bicicleta	I don't have parts for your car/bicycle
Las piezas de recambio me las _____ tienen que traer de otro sitio	I have to get the parts from somewhere else
Las piezas de recambio tengo _____ que encargarlas	I have to order the parts
Eso llevará medio día _____	That'll take half a day
Eso llevará un día _____	That'll take a day
Eso llevará unos días _____	That'll take a few days
Eso llevará una semana _____	That'll take a week
Su coche ha quedado totalmente ___ destruido	Your car is a write-off
Ya no se puede hacer nada _____ para arreglarlo	It can't be repaired
El coche/la moto/el ciclomotor/la ___ bicicleta estará para las...	The car/motor bike/moped/bicycle will be ready at... o'clock

The parts of a bicycle

rear lamp	el piloto	*ehl peelohtoh*
rear wheel	la rueda trasera	*lah rwehdah trahsehrah*
(luggage) carrier	el portaequipajes	*ehl pohrtahehkeepah<u>h</u>ehs*
bicycle fork	la cabeza	*lah kahbehthah*
bell	el timbre	*ehl teembreh*
inner tube	la cámara	*lah kahmahrah*
tyre	el neumático/la cubierta	*ehl nehoomahteekoh/lah koobyehrtah*
crank	la biela	*lah byehlah*
gear change	el cambio de velocidades	*ehl kahmbyoh deh behlotheedahdehs*
wire	el hilo	*ehl eeloh*
dynamo	la dinamo	*lah deenahmoh*
bicycle trailer	el remolque de bicicleta	*ehl rehmohlkeh deh beetheeklehtah*
frame	el cuadro	*ehl kwahdroh*
dress guard	el guardafaldas	*ehl gwardahfahldahs*
chain	la cadena de rodillos	*lah kahdehnah deh rohdeelyohs*
chain guard	el cubrecadena/el cárter	*ehl koobrehkahdehnah/ehl kahrtehr*
chain lock	la cadena antirrobo	*lah kahdehnah ahnteerrohboh*
milometer	el contador kilométrico	*ehl kohntahdohr keelohmehtreekoh*
child's seat	el sillín para niños	*ehl seelyeen pahrah neenyohs*

headlamp	el faro	*ehl fahroh*
bulb	la bombilla	*lah bohmbeelyah*
pedal	el pedal	*ehl pehdahl*
pump	la bombilla	*lah bohmbeelyah*
reflector	el cristal reflectante	*ehl kreestahl rehflehktahnteh*
brake pad	la zapatilla del freno	*lah thahpahteelyah dehl frehnoh*
brake cable	el cable del freno	*ehl kahbleh dehl frehnoh*
ring lock	la cerradura	*lah thehrrahdoorah*
carrier straps	las bandas elásticas	*lahs bahndahs ehlahsteekahs*
spoke	el radio/el rayo	*ehl rahdyoh/ehl rahyoh*
mudguard	el guardabarros	*ehl gwahrdahbahrrohs*
handlebar	el manillar	*ehl mahneelyahr*
chain wheel	el piñón	*ehl peenyohn*
toe clip	el calapiés	*ehl kahlahpyehs*
crank axle	el eje del cigueñal	*ehl eh_heh_ dehl theegwehnyal*
drum brake	el freno de tambor	*ehl frehnoh deh tahmbohr*
tube	la llanta	*lah lyahntah*
valve	la válvula	*lah bahlboolah*
valve tube	el tubo de la válvula	*ehl tooboh deh lah bahlboolah*
gear cable	el cable de velocidades	*ehl kahbleh deh behlohtheedahdehs*
fork	la horquilla	*lah ohrkeelyah*
front wheel	la rueda delantera	*lah rwehdah dehlahntehrah*
seat	el sillín	*el seelyeen*

5.9 Renting a vehicle

I'd like to rent a... _____
Quisiera alquilar un...
keesyehrah ahlkeelahr oon...

Do I need a (special) _____
licence for that?
¿Hace falta un permiso de conducir
(especial)?
*ahteh fahltah oon pehrmeesoh deh
kohndootheer (ehspehthyahl)?*

I'd like to rent the...for... _____
Quisiera alquilar el/la...por...
keesyehrah ahlkeelahr ehl/lah...pohr...

– one day _____
Quisiera alquilar el/la...por un día
*keesyehrah ahlkeelahr ehl/lah...pohr oon
deeah*

– two days _____
Quisiera alquilar el/la...por dos días
*keesyehrah ahlkeelahr ehl/lah...pohr dohs
deeahs*

How much is that per _____
day/week?
¿Cuánto sale por día/semana?
*kwahntoh sahleh pohr deeah/pohr
sehmahnah?*

How much is the_____
deposit?
¿Cuánto es la fianza?
kwahntoh ehs lah fyahnthah?

Could I have a receipt _____
for the deposit?
¿Me podría dar un recibo por el pago
de la fianza?
*meh pohdreeah dahr oon rehtheeboh pohr
ehl pahgoh deh lah fyahnthah?*

How much is the_____
surcharge per kilometre?
¿Cuánto hay que pagar extra por
kilómetro?
*kwahntoh ay keh pahgahr ehxtrah pohr
keelohmehtroh?*

Does that include _____ petrol?	¿Está incluida la gasolina? *ehstah eenklooeedah lah gahsohleenah?*
Does that include _____ insurance?	¿Está incluido el seguro? *ehstah eenklooeedoh ehl sehgooroh?*
What time can I pick _____ the...up tomorrow?	¿A qué hora puedo pasar mañana a buscar el/la...? *ah keh ohrah pwehdoh pahsahr mahnyahnah ah booskahr ehl/lah...?*
When does the...have _____ to be back?	¿A qué hora tengo que devolver el/la...? *ah keh ohrah tehngoh keh dehbohlbehr ehl/lah...?*
Where's the petrol tank? _____	¿Dónde está el depósito de gasolina? *dohndeh ehstah ehl dehpohseetoh deh gahsohleenah?*
What sort of fuel does_____ it take?	¿Qué tipo de combustible hay que echarle? *keh teepoh deh kohmboosteebleh ay keh ehchahrleh?*

5.10 Hitchhiking

Where are you heading? _____	¿Adónde va? *ahdohndeh bah?*
Can I come along? _____	¿Me podría llevar? *meh pohdreeah lyehbahr?*
Can my boyfriend/ _____ girlfriend come too?	¿Podría llevar también a mi amigo/amiga? *pohdreeah lyehbahr tahmbyehn ah mee ahmeegoh/ahmeegah?*

I'm trying to get to... _____	Voy a...
	boy ah...
Is that on the way to...? _____	¿Eso está camino de...?
	ehsoh ehstah kahmeenoh deh...?
Could you drop _____	¿Me podría dejar...?
me off...?	*meh pohdreeah dehhahr...?*
– here? _____	¿Me podría dejar aquí mismo?
	meh pohdreeah dehhahr ahkee
	meesmoh?
– at the...exit? _____	¿Me podría dejar en la salida de...?
	meh pohdreeah dehhahr ehn lah
	sahleedah deh...?
– in the centre? _____	¿Me podría dejar en el centro?
	meh pohdreeah dehhahr ehn ehl
	thehntroh?
– at the next roundabout? _____	¿Me podría dejar en la próxima
	rotonda?
	meh pohdreeah dehhahr ehn lah
	prohxeemah rohtohndah?
Could you stop here, _____	¿Podría pararse aquí?
please?	*pohdreeah pahrahrseh ahkee?*
I'd like to get out here _____	Quisiera bajarme aquí
	keesyehrah bahhahrmeh ahkee
Thanks for the lift _____	Gracias por llevarme
	grahthyahs pohr lyehbahrmeh

Public transport

6.1 In general

● **The rail network** has been substantially overhauled and expanded and there is now a good, fast service available with the Talgo and Ave in the south. These trains require payment of a supplement and it is advisable to reserve seats in advance, at the station or at travel agencies. Tickets for buses and the metro can be bought at an *estanco*, as well as metro stations.

Announcements

►	
El tren [de las 10.40] con destino a..., ..., saldrá con (unos)...minutos de retraso	The [10.40] train to...has been delayed by 15 minutes
Por la vía 5 entrará el tren [de las 10.40] con destino a.../procedente de...	The train now arriving at platform 5 is the [10.40] train to .../from...
En la vía 5 está por partir el tren [de las 10.40]...	The [10.40] train to...is about to leave from platform 5
Su atención, por favor Manténganse lejos de la vía; un tren Intercity pasará por la plataforma...	Attention please! Keep your distance from the rail track, an intercity train will pass on platform...
Nos estamos aproximando a la estación de...	We're now approaching...

Where does this train go to? _____	¿Adónde va este tren? *ahdohndeh bah ehsteh trehn?*
Does this boat go to...? _____	¿Este barco va a...? *ehsteh bahrkoh bah ah...?*

Can I take this bus to...? _____	¿Puedo coger este autobús para ir a...?
	pwehdoh kohhehr ehsteh ahootohboos
	pahrah eer ah...?
Does this train stop at...? _____	¿Este tren para en...?
	ehsteh trehn pahrah ehn...?
Is this seat taken/free _____	¿Está ocupado/libre/reservado este
/reserved?	asiento?
	ehstah ohkoopahdoh/leebreh/rehsehrbahdoh
	ehsteh ahsyehntoh?
I've booked... _____	He reservado...
	eh rehsehrbahdoh...
Could you tell me _____	¿Me podría decir dónde me tengo que
where I have to get off for... ?	bajar para ir a...?
	meh pohdreeah dehtheer dohndeh meh
	tehngoh keh bahhar pahrah eer ah...?
Could you let me _____	¿Me podría avisar cuando lleguemos a...?
know when we get to...?	*meh pohdreeah ahbeesahr kwahndoh*
	lyehghehmohs ah...?
Could you stop at the _____	La próxima parada, por favor
next stop, please?	*lah prohxeemah pahrahdah pohr fahbohr*
Where are we now? _____	¿Dónde estamos?
	dohndeh ehstahmohs?
Do I have to get off here? _____	¿Tengo que bajarme aquí?
	tehngoh keh bahharmeh ahkee?
Have we already _____	¿Ya hemos pasado...?
passed...?	*yah ehmohs pahsahdoh...?*
How long have I been _____	¿Cuánto tiempo he dormido?
asleep?	*kwahntoh tyehmpoh eh dohrmeedoh?*
How long does... _____	¿Cuánto tiempo se queda aquí...?
stop here?	*kwahntoh tyehmpoh seh kehdah ahkee?*

Can I come back on the _____ same ticket?	¿Este billete me sirve para volver? _ehsteh beelyehteh meh seerbeh pahrah bohlbehr?_
Can I change on this _____ ticket?	¿Se puede hacer trasbordo con este billete? _seh pwehdeh ahthehr trahsbohrdoh kohn ehsteh beelyehteh?_
How long is this ticket_____ valid for?	¿Hasta cuándo es válido este billete? _ahstah kwahndoh ehs bahleedoh ehsteh beelyehteh_
How much is the supplement _____ for the Talgo/Ave (high speed train)?	¿Cuánto vale el suplemento para el Talgo/el Ave? _kwahntoh bahleh ehl sooplehmehntoh pahrah ehl tahlgoh/ehl ahbeh?_

6.2 Questions to passengers
Ticket types

➤

¿Primera o segunda clase? _____	First or second class?
¿Billete de ida o de ida y vuelta? _____	Single or return?
¿Fumadores o no fumadores? _____	Smoking or non-smoking?
¿Ventanilla o pasillo? _____	Window or aisle?
¿Adelante o atrás? _____	Front or back?
¿Asiento o litera? _____	Seat or couchette?
¿Arriba, en el medio o abajo? _____	Top, middle or bottom?
¿Clase turista o preferente? _____	Tourist class or business class?
¿Camarote o butaca? _____	Cabin or seat?
¿Individual o doble? _____	Single or double?
¿Cuántas personas viajan? _____	How many are travelling?

Destination

►

¿Adónde quiere ir? _____	Where are you travelling?
¿Qué día sale? _____	When are you leaving?
Su...sale a las... _____	Your...leaves at...
Tiene que hacer trasbordo _____	You have to change trains
Tiene que bajarse en... _____	You have to get off at...
Tiene que pasar por... _____	You have to travel via...
El viaje de ida es el día... _____	The outward journey is on...
El viaje de vuelta es el día... _____	The return journey is on...
Tiene que embarcar a las...a más tardar _____	You have to be on board by...

Inside the vehicle

►

Billetes, por favor _____	Your ticket, please
Su reserva, por favor _____	Your reservation, please
Su pasaporte, por favor _____	Your passport, please
Se ha equivocado de asiento _____	You're in the wrong seat
Se ha equivocado de... _____	You're on/in the wrong...
Este asiento está reservado _____	This seat is reserved
Tiene que pagar un suplemento _____	You'll have to pay a supplement
El...tiene un retraso de...minutos _____	The...has been delayed by...minutes

6.3 Tickets

Where can I...?	¿Dónde...?
	dohndeh...?
– buy a ticket?	¿Dónde se compran los billetes?
	dohndeh seh kohmprahn lohs beelyehtehs?
– make a reservation?	¿Dónde se hacen las reservas?
	dohndeh seh ahthehn lahs rehsehrbahs?
– book a flight?	¿Dónde puedo hacer una reserva para un vuelo?
	dohndeh pwehdoh ahthehr oonah rehsehrbah pahrah oon bwehloh?
Could I have a...to..., please?	Quiero un/una...a...
	kyehroh oon/oonah...ah...
– a single	Quiero un billete de ida a...
	kyehroh oon beelyehteh deh eedah ah...
– a return	Quiero un billete de ida y vuelta a...
	kyehroh oon beelyehteh deh eedah ee bwehltah ah...
first class	en primera clase
	ehn preemehrah klahseh
second class	en segunda clase
	ehn sehgoondah klahseh
tourist class	en clase turista
	ehn klahseh tooreestah
business class	en clase preferente
	ehn klahseh prehfehrehnteh

I'd like to book a _____ seat/couchette/cabin	Quisiera reservar un asiento/una litera/un camarote *keesyehrah rehsehrbahr oon ahsyehntoh/oonah leetehrah/oon kahmahrohteh*
I'd like to book a _____ in the sleeping car	Quisiera reservar una plaza en un coche cama *keesyehrah rehsehrbahr oonah plahthah ehn oon kohcheh kahmah*
top/middle/bottom _____	arriba/en el medio/abajo *ahrreebah/ehn ehl mehdyoh/ahbahhoh*
smoking/no smoking _____	fumadores/no fumadores *foomahdohrehs/noh foomahdohrehs*
by the window_____	ventanilla *behntahneelyah*
single/double _____	individual/doble *eendeebeedwahl/dohbleh*
at the front/back _____	adelante/atrás *ahdehlahnteh/ahtrahs*
There are...of us _____	Somos...personas *sohmohs...pehrsohnahs*
a car _____	un coche *oon kohcheh*
a caravan_____	una caravana *oonah kahrahbahnah*
...bicycles_____	...bicicletas *...beetheeklehtahs*
Do you also have...?_____	¿Tienen...? *tyehnehn...?*

– season tickets? _____	¿Tienen billetes para varios viajes? *tyehnehn beelyehtehs pahrah bahryohs byahhehs?*
– weekly tickets? _____	¿Tienen abonos semanales? *tyehnehn ahbohnohs sehmahnahlehs?*
– monthly season _____ tickets?	¿Tienen abonos mensuales? *tyehnehn ahbohnohs mehnswahlehs?*

6.4 Information

Where's-? _____	¿Dónde hay...? *dohndeh ay...?*
Where's the information _____ desk?	¿Dónde está la oficina de información? *dohndeh ehstah lah ohfeetheenah deh eenfohrmahthyohn?*
Where can I find a _____ timetable?	¿Dónde hay un horario? *dohndeh ay oon ohrahryoh?*
Where's the...desk? _____	¿Dónde está el mostrador de...? *dohndeh ehstah ehl mohstrahdohr deh...?*
Do you have a city map _____ with the bus/the underground routes on it?	¿Tendría un plano de la ciudad con la red de autobuses/metro? *tehndreeah oon plahnoh deh lah thyoodahdh kohn lah rehth deh ahootohboosehs/mehtroh?*
Do you have a _____ timetable?	¿Tendría un horario? *tehndreeah oon ohrahryoh?*

I'd like to confirm/cancel/ _____ change my booking for/trip to...	Quisiera confirmar/cancelar/cambiar mi reserva/mi viaje a... *keesyehrah kohnfeermahr/kahnthehlahr/kahmbyahr mee rehsehrbah/mee byahh_he ah...*
Will I get my money _____ back?	¿Me devuelven el dinero? *meh dehbwehlbehn ehl deenehroh?*
I want to go to... _____ How do I get there? (What's the quickest way there?)	Tengo que ir a...¿Cómo hago para llegar (lo más rápido posible)? *tehngoh keh eer ah...kohmoh ahgoh pahrah lyehgahr(loh mahs rahpeedoh pohseebleh)?*
How much is a _____ single/return to...?	¿Cuánto vale un billete de ida/de ida y vuelta a...? *kwahntoh bahleh oon beelyehteh deh eedah ee bwehltah ah...?*
Do I have to pay a _____ supplement?	¿Tengo que pagar algún suplemento? *tehngoh keh pahgahr ahlgoon sooplehmehntoh?*
Can I interrupt my _____ journey with this ticket?	¿Con este billete puedo hacer una parada intermedia? *kohn ehsteh beelyehteh pwehdoh ahthehr oonah pahrahdah eentehrmehdyah?*
How much luggage _____ am I allowed?	¿Cuánto equipaje puedo llevar? *kwahntoh ehkeepahhe pwehdoh lyebahr?*
Can I send my luggage _____ in advance?	¿Puedo enviar mi equipaje por anticipado? *pwehdoh ehnbeeahr mee ehkeepahhe pohr ahnteetheepahdoh?*

Does this...travel direct? _____

¿Este...va directo?
ehsteh...bah deerehktoh?

Do I have to change? Where? _____

¿Tengo que hacer trasbordo? ¿Dónde?
tehngoh keh ahthehr trahsbohrdoh?
dohndeh?

Will there be any stopovers? _____

¿Habrá escalas?
ahbrah ehskahlahs?

Does the boat call in at any ports on the way? _____

¿El barco hace alguna escala?
ehl bahrkoh ahtheh ahlgoonah ehskahlah?

Does the train/ bus stop at...? _____

¿Este tren/este autobús para en...?
ehsteh trehn/ehsteh ahootohboos pahrah
ehn...?

Where should I get off? _____

¿Dónde me tengo que bajar?
dohndeh meh tehngoh keh bahhahr?

Is there a connection to...? _____

¿Hay enlace para...?
ay ehnlahtheh pahrah...?

How long do I have to wait? _____

¿Cuánto tengo que esperar?
kwahntoh tehngoh keh ehspehrahr?

When does...leave? _____

¿Cuándo sale...?
kwahndoh sahleh...?

What time does the first/next/last...leave? _____

¿A qué hora sale el
primer/próximo/último...?
ah keh ohrah sahleh ehl
preemehr/prohxeemoh/oolteemoh...?

How long does...take? _____

¿Cuánto tarda...en llegar?
kwahntoh tahrdah...ehn lyehgahr?

What time does...arrive in...? _____

¿A qué hora llega...a...?
ah keh ohrah lyegah...ah...?

Where does the...to... leave from?	¿De dónde sale el...a...?
	deh dohndeh sahleh ehl...ah...?
Is this...to...?	¿Este es...a...?
	ehsteh ehs...ah...?

6.5 Aeroplanes

● **On arrival** at a Spanish airport, you will find the following signs:

llegadas	salidas
arrivals	departures

6.6 Trains

● **The rail network** is very extensive, run by the RENFE (Red Nacional de Ferrocarriles Españoles). Some local trains are still rather slow so it is preferable to stipulate Talgo or Rápido when buying tickets. During the summer and before public holidays it is advisable to buy train tickets well in advance. Porters are few and far between.

6.7 Taxis

● **There are plenty of taxis** in most cities. Supplements are payable for luggage and travel to stations or airports. It is advisable to inquire about the price in advance and make sure that you are hiring a city taxi.

libre	ocupado	parada de taxis
for hire	booked	taxi rank

Taxi! _____ ¡Taxi!
tahxee!

Could you get me a taxi, _____ ¿Me podría llamar un taxi?
please? *meh pohdreeah lyahmahr oon tahksee?*

Where can I find a taxi _____ ¿Dónde se puede coger un taxi por
around here? aquí?
*dohndeh seh pwehdeh kohhehr oon
tahxee pohr ahkee?*

Could you take me to..., _____ A..., por favor
please? *ah..., pohr fahbohr*

– this address _____ A esta dirección, por favor
ah ehstah deerehkthyohn, pohr fahbohr

– the...hotel _____ Al hotel..., por favor
ahl ohtehl..., pohr fahbohr

– the town/city centre _____ Al centro, por favor
ahl thehntroh, pohr fahbohr

– the station _____ A la estación, por favor
ah lah ehstahthyohn, pohr fahbohr

– the airport _____ Al aeropuerto, por favor
ahl ahehrohpwehrtoh, pohr fahbohr

How much is the _____ ¿Cuánto sale el recorrido hasta...?
trip to...? *kwahntoh sahleh ehl rehkohrreedoh
ahstah...?*

How far is it to...? _____ ¿Cuánto es hasta...?
kwahntoh ehs ahstah...?

Could you turn on the _____ ¿Podría poner en marcha el taxímetro?
meter, please? *pohdreeah pohnehr ehn mahrchah ehl
tahxeemehtroh?*

I'm in a hurry _____ Llevo prisa
lyehboh preesah

Could you speed up/slow down a little?
¿Podría ir más rápido/más despacio?
pohdreeah eer mahs rahpeedoh/mahs dehspathyoh?

Could you take a different route?
¿Podría ir por otro camino?
pohdreeah eer pohr ohtroh kahmeenoh?

I'd like to get out here, please
Déjeme aquí
dehhehmeh ahkee

You have to go...here
Siga...aquí
seegah...ahkee

You have to go straight on here
Siga todo recto aquí
seegah tohdoh rehktoh akee

You have to turn left here
Doble a la izquierda aquí
dohbleh ah lah eethkyehrdah ahkee

You have to turn right here
Doble a la derecha aquí
dohbleh ah lah dehrehchah ahkee

This is it
Es aquí
ehs ahkee

Could you wait a minute for me, please?
Espéreme un momentito, por favor
ehspehrehmeh oon mohmehnteetoh, pohr fahbohr

7

Overnight accommodation

7.1 General

● **There is great variety** in overnight accommodation in Spain.
It is advisable to book (and send confirmation) in advance.
Hotel: stars indicate the degree of comfort; from five stars, the most luxurious, to one star, very basic. Most hotels offer *pensión completa* (full board) or *media pensión* (half board).
Parador: Mainly, but not always, luxurious hotels in converted castles or palaces in exceptional areas. These are very popular and have to be booked very well in advance, but are well worth the visit. They are under government supervision.
Hostal: Family run businesses for the most part, with one to three stars. They do not always provide breakfast, but are clean and can be very well situated.
Albergue: usually country inns.
Albergue de juventud: restricted to members of the international Youth Hostels Association.
Camping: a list of sites can be found at any Tourist Office.

➤

¿Cuánto tiempo piensa quedarse? ____	How long will you be staying?
Rellene este formulario, por favor ____	Fill in this form, please
¿Me permite su pasaporte?_____	Could I see your passport?
Tiene que pagar una fianza_____	I'll need a deposit
Tiene que pagar por adelantado _____	You'll have to pay in advance

My name's...I've made _____ a reservation over the phone/by mail	Me llamo...He reservado una habitación por teléfono/por carta
	meh lyahmoh...eh rehsehrbahdoh oonah ahbeetahthyohn pohr tehlehfohnoh/pohr kahrtah
How much is it per _____ night/week/month?	¿Cuánto sale por noche/semana/mes?
	kwahntoh sahleh pohr nohcheh/sehmahnah/mehs?
We'll be staying at _____ least...nights/weeks	Pensamos quedarnos al menos...noches/semanas
	pehnsahmohs kehdahrnohs ahl mehnohs...nohchehs/sehmahnahs
We don't know yet _____	Todavía no lo sabemos exactamente
	tohdahbeeah noh loh sahbehmohs ehxahktahmehnteh
Do you allow pets _____ (cats/dogs)?	¿Están permitidos los animales domésticos (perros/gatos)?
	ehstahn pehrmeeteedohs lohs ahneemahlehs dohmehsteekohs (pehrrohs/gahtohs)?
What time does the _____ gate/door open/close?	¿A qué hora cierran/abren la verja/la puerta de entrada?
	ah keh ohrah thyehrrahn/ahbrehn lah behrhah/lah pwehrtah deh ehntrahdah?
Could you get me _____ a taxi, please?	¿Podría llamar un taxi?
	pohdreeah lyahmahr oon tahxee?
Is there any mail _____ for me?	¿Hay carta para mí?
	ay kahrtah pahrah mee?

7.2 Camping

▶

Puede elegir el sitio usted mismo _____	You can pick your own site
El sitio se lo asignamos nosotros _____	You'll be allocated a site
Este es el número de su _____ emplazamiento	This is your site number
Por favor pegue esto en el _____ parabrisas del coche	Stick this on your car, please
No pierda esta tarjeta _____	Please don't lose this card

Where's the manager? _____
¿Dónde está el encargado?
dohndeh ehstah ehl ehnkahrgahdoh?

Are we allowed to _____ camp here?
¿Podemos acampar aquí?
pohdehmohs ahkahmpahr ahkee?

There are...of us and _____ ...tents
Somos...personas y...tiendas
sohmohs...pehrsohnahs ee...tyehndahs

Can we pick our _____ own site?
¿Podemos elegir el sitio nosotros mismos?
pohdehmohs ehleh<u>h</u>eer ehl seetyoh nohsohtrohs meesmohs?

Do you have a quiet_____ spot for us?
¿Nos podría dar un sitio tranquilo?
nohs pohdreeah dahr oon seetyoh trahnkeeloh?

Do you have any other _____ sites available?
¿No tiene otro sitio libre?
noh tyehneh ohtroh seetyoh leebreh?

It's too windy/sunny/ _____ shady here.

Hay mucho viento/mucho sol/mucha sombra
ay moochoh byehntoh/moochoh sohl/moochah sohmbrah

It's too crowded here _____

Hay mucha gente
ay moochah hehnteh

The ground's too _____ hard/uneven

El suelo es muy duro/muy desigual
ehl swehloh ehs mwee dooroh/mwee dehseegwahl

Do you have a level _____ spot for the camper/caravan/folding caravan?

¿Tiene un sitio plano para el autocaravana/la caravana/el remolque tienda?
tyehneh oon seetyoh plahnoh pahrah ehl ahootohkahrahbahnah/lah kahrahbahnah/ehl rehmohlkeh-tyehndah?

Could we have _____ adjoining sites?

¿Tiene dos plazas juntas?
tyehneh dohs plahthahs hoontahs?

Can we park the car _____ next to the tent?

¿Podemos aparcar el coche junto a la tienda?
pohdehmohs ahpahrkahr ehl kohcheh hoontoh ah lah tyehndah?

How much is it per _____ person/tent/caravan/car?

¿Cuánto sale por persona/tienda/caravana/coche?
kwahntoh sahleh pohr pehrsohnah/tyehndah/kahrahbahnah/kohcheh?

Are there any...? _____

¿Hay...?
ay...?

– any hot showers? _____

¿Hay duchas con agua caliente?
ay doochahs kohn ahgwah kahlyehnteh?

– washing machines? _____	¿Hay lavadoras? *ay lahbahdohrahs?*
Is there a...on the site? _____	¿En este camping hay...? *ehn ehsteh kahmpeen ay...?*
Is there a children's _____ play area on the site?	¿En este camping hay un sitio para que jueguen los niños? *ehn ehsteh kahmpeen ay oon seetyoh pahrah keh hwehghehn lohs neenyohs?*
Are there covered_____ cooking facilities on the site?	¿En este camping hay un sitio cubierto para cocinar? *ehn ehsteh kahmpeen ay oon seetyoh koobyehrtoh pahrah kohtheenahr?*
Can I rent a safe here? _____	¿Tienen caja fuerte para alquilar? *tyehnehn kahhah fwehrteh pahrah ahlkeelahr?*
Are we allowed to _____ barbecue here?	¿Se pueden hacer barbacoas? *seh pwehdehn ahthehr bahrbahkohahs?*
Are there any power _____ points?	¿Hay tomas de corriente eléctrica? *ay tohmahs deh kohrryehnteh ehlehktreekah?*
Is there drinking water? _____	¿Hay agua potable? *ay ahgwah pohtahbleh?*
When's the rubbish _____ collected?	¿Cuándo pasan a recoger la basura? *kwahndoh pahsahn ah rehkohhehr lah bahsoorah?*
Do you sell gas bottles _____ (butane gas/propane gas)?	¿Venden bombonas de gas (butano/propano)? *behndehn bohmbohnahs deh gahs(bootahnoh/prohpahnoh)?*

Camping equipment

luggage space	el compartimiento de equipaje	*ehl kohmpahrteemyehntoh de ehkeepahhheh*
can opener	el abrelatas	*ehl ahbrehlahtahs*
butane gas bottle	la bombona (de gas butano)	*lah bohmbohnah (deh gahs bootahnoh)*
pannier	la ciclobolsa	*lah theeklohbohlsah*
gas cooker	el hornillo de gas	*ehl ohrneelyoh deh gahs*
groundsheet	la lona del suelo	*lah lohnah dehl swehloh*
mallet	el martillo	*ehl mahrteelyoh*
hammock	la hamaca	*lah ahmahkah*
jerry can	el bidón	*ehl beedohn*
campfire	la fogata	*lah fohgahtah*
folding chair	la silla plegable	*lah seelyah plehgahbleh*
insulated picnic box	la nevera portátil/la bolsa nevera	*lah nehbehrah pohrtahteel/ lah bohlsah nehbehrah*
ice pack	el acumulador	*ehl akoomoolahdohr*
compass	la brújula	*lah broohoolah*
wick	la mecha	*lah mehchah*
corkscrew	el sacacorchos	*ehl sahkahkohrchohs*
airbed	el colchón neumático	*ehl kohlchohn nehoomahteekoh*
airbed plug	el taponcito de la válvula del colchón	*ehl tahpohntheetoh deh lah bahlboolah dehl kohlchohn*
pump	la bomba neumática	*lah bohmbah nehoomahteekah*
awning	el tejadillo	*ehl tehhahdeelyoh*

karimat	la esterilla	*lah ehstehreelyah*
pan	la olla	*lah ohlyah*
pan handle	el mango de la olla	*ehl mahngoh deh lah ohlyah*
primus stove	el hornillo de querosén	*ehl ohrneelyoh deh kehrohsehn*
zip	la cremallera	*lah krehmalyehrah*
backpack	la mochila	*lah mohcheelah*
guy rope	el viento	*ehl byehntoh*
sleeping bag	el saco de dormir	*ehl sahkoh deh dohrmeer*
storm lantern	el farol de tormentas	*ehl fahrohl deh tohrmehntahs*
camp bed	el catre (de tijera)	*ehl kahtreh (deh teehehrah)*
table	la mesa	*lah mehsah*
tent	la tienda	*lah tyehndah*
tent peg	la estaca	*lah ehstakah*
tent pole	el palo de tienda	*ehl pahloh deh tyehndah*
vacuum flask	el termo	*ehl tehrmoh*
water bottle	la cantimplora	*lah kahnteemplohrah*
clothes peg	la pinza	*lah peenthah*
clothes line	la cuerda de tender ropa	*lah kwehrdah deh tehndehr rohpah*
windbreak	el paravientos/ el paraván	*ehl pahrahbyehntohs/ ehl pahrahbahn*
torch	la linterna de bolsillo	*lah leentehrnah deh bohlseelyoh*
pocket knife	la navaja	*lah nahbahhah*

7.3 Hotel/B&B/apartment/holiday house

Do you have a _____ single/double room available?	¿Le queda alguna habitación individual/doble? *leh kehdah ahlgoonah ahbeetahthyohn eendeebeedwahl/dohbleh?*
per person/per room _____	por persona/por habitación *pohr pehrsohnah/pohr ahbeetahthyohn*
Does that include _____ breakfast/lunch/dinner?	¿Incluye desayuno/comida/cena? *eenklooyeh dehsahyoonoh/kohmeedah/thehnah?*
Could we have two _____ adjoining rooms?	¿Nos puede dar dos habitaciones una al lado de la otra? *nohs pwehdeh dahr dohs ahbeetahthyohnehs oonah ahl lahdoh deh lah ohtrah?*
with/without _____ toilet/bath/shower	con/sin lavabo propio/baño propio/ducha propia *kohn/seen lahbahboh prohpyoh/bahnyoh prohpyo/doochah prohpyah?*
(not) facing the street _____	que (no) dé a la calle *keh (noh) deh ah lah kahlyeh*

▶

Tiene lavabo y ducha en el mismo ____ piso/en su habitación	You can find the toilet and shower on the same floor/en suite
Por aquí, por favor_____	This way, please
Su habitación está en el...piso; es la ___ número...	Your room is on the...floor, number...

with/without a view of the sea	con/sin vista al mar *kohn/seen beestah ahl mahr*
Is there...in the hotel?	¿El hotel tiene...? *ehl ohtehl tyehneh...?*
Is there a lift in the hotel?	¿El hotel tiene ascensor? *ehl ohtehl tyehneh ahsthehnsohr?*
Do you have room service?	¿El hotel tiene servicio de habitación? *ehl ohtehl tyehneh sehrbeethyoh deh ahbeetahthyohn?*
Could I see the room?	¿Puedo ver la habitación? *pwehdoh behr lah ahbeetahthyohn?*
I'll take this room	Me quedo con esta habitación *meh kehdoh kohn ehstah abeetathyohn*
We don't like this one	Esta no nos gusta *ehstah noh nohs goostah*
Do you have a larger/ less expensive room?	¿Tiene una habitación más grande/más barata? *tyehneh oonah ahbeetathyohn mahs grahnde/mahs bahrahtah?*
Could you put in a cot?	¿Puede agregar una cuna? *pwehde ahgrehgahr oonah koonah?*
What time's breakfast?	¿A qué hora es el desayuno? *ah keh ohrah ehs ehl dehsahyoonoh?*
Where's the dining room?	¿Dónde está el comedor? *dohndeh ehstah ehl kohmehdohr?*
Can I have breakfast in my room?	¿Me pueden traer el desayuno a la habitación? *meh pwehdehn trahehr ehl dehsahyoonoh ah lah ahbeetahthyohn?*

Where's the emergency _____ exit/fire escape?

¿Dónde está la salida de emergencia/la escalera de incendios?
dohndeh ehstah lah sahleedah deh ehmehrrehnthyah/lah ehskahlehrah de eentehhndyohs?

Where can I park my _____ car (safely)?

¿Dónde hay un sitio (seguro) para aparcar el coche?
dohndeh ay oon seetyoh sehgooroh pahrah ahpahrkahr ehl kohcheh?

The key to room..., _____ please

La llave de la habitación..., por favor
lah lyahbeh deh lah ahbeetahthyohn..., pohr fahbohr

Could you put this in _____ the safe, please?

¿Podría dejar esto en la caja fuerte?
pohdreeah dehhahr ehstoh ehn lah cahhah fwehrteh?

Could you wake me _____ at...tomorrow?

¿Me podría despertar mañana a las...?
meh pohdreeah dehspehrtahr mahnyahnah ah lahs...?

Could you find a _____ babysitter for me?

¿Me podría conseguir una niñera para el bebé?
meh pohdreeah kohnsehgeer oonah neenyehrah pahrah ehl behbeh?

Could I have an extra_____ blanket?

¿Tendría una manta extra?
tehndreeah oonah mahntah ehxtrah?

What days do the _____ cleaners come in?

¿Qué días limpian la habitación?
keh deeahs leempyahn lah ahbeetahthyohn?

When are the sheets/_____ towels/tea towels changed?

¿Cuándo cambian las sábanas/las toallas/los paños de cocina?
kwahndoh kahmbyahn lahs sahbahnahs/lahs tohahlyahs/lohs pahnyohs deh kohtheenah?

7.4 Complaints

We can't sleep for_____ the noise

No podemos dormir por el ruido
noh pohdehmohs dohrmeer pohr ehl rweedoh

Could you turn the_____ radio down, please?

¿Podría bajar el volumen de la radio?
pohdreeah bahhahr ehl vohloomehn deh lah rahdyoh?

We're out of toilet paper_____

Se ha acabado el papel higiénico.
seh ah ahkahbahdoh ehl pahpehl eehyehneekoh

There aren't any.../_____ there's not enough...

No hay.../no hay suficientes...
noh ay.../noh ay soofeethyehntehs...

The bed linen's dirty_____

La ropa de cama está sucia
lah rohpah deh kahmah ehstah soothyah

The room hasn't been_____ cleaned.

No han limpiado la habitación
noh ahn leempyahdoh lah ahbeetahthyohn

The kitchen is not clean_____

La cocina no está limpia
lah kohtheenah noh ehstah leempyah

The kitchen utensils are_____ dirty

Los utensilios de cocina están sucios
lohs ootehnseelyohs deh kohtheenah ehstahn soothyohs

7 Overnight accommodation

The heater's not working	La calefacción no funciona *lah kahlehfahkthyohn noh foonthyohnah*
There's no (hot) water/electricity	No hay agua (caliente)/electricidad *noh ay ahgwah(kahlyehnteh)/ehlehktreetheedahdh*
...is broken	...está estropeado *...ehstah ehstrohpehahdoh*
Could you have that seen to?	¿Podrían hacerlo ver? *pohdreeahn ahtehrloh behr?*
Could I have another room/site?	¿Tendría otra habitación/sitio para la tienda? *tehndreeah ohtrah abeetahthyohn/seetyoh pahrah lah tyehndah?*
The bed creaks terribly	La cama hace mucho ruido *lah kahmah ahtheh moochoh rweedoh*
The bed sags	La cama es demasiado blanda *lah kahmah ehs dehmahsyahdoh blahndah*
There are bugs/insects in our room	Hay muchos bichos/insectos en nuestra habitación *ay moochohs beechohs/eensehktohs ehn nwehstrah ahbeetahthyohn*
This place is full of mosquitos	Está lleno de mosquitos *ehstah lyehnoh deh mohskeetohs*
– cockroaches	Está lleno de cucarachas *ehstah lyehnoh deh kookahrahchahs*

7.5 Departure

See also 8.2 Settling the bill

I'm leaving tomorrow. _____ Could I settle my bill, please?	Mañana me voy. ¿Podría pagar la cuenta ahora? *mahnyahnah meh boy. pohdreeah pahgahr lah kwehntah ahohrah?*
What time should we _____ vacate?	¿A qué hora tenemos que dejar...? *ah keh ohrah tehnehmohs keh dehhahr...?*
Could I have my _____ deposit/passport back, please?	¿Me devuelve la fianza/el pasaporte? *meh dehbwehlbeh lah fyahnthah/ehl pahsahpohrteh?*
We're in a terrible hurry _____	Llevamos mucha prisa *lyehbahmohs moochah preesah*
Could you forward _____ my mail to this address?	¿Podría enviarme la correspondencia a esta dirección? *pohdreeah ehnbyahrmeh lah kohrrehspohndehnthyah ah ehstah deerehkthyohn?*
Could we leave our _____ luggage here until we leave?	¿Podríamos dejar las maletas aquí hasta que nos marchemos? *pohdreeahmohs dehhahr lahs mahlehtahs ahkee ahstah keh nohs mahrchehmohs?*
Thanks for your_____ hospitality	Muchas gracias por la hospitalidad *moochahs grahthyahs pohr lah ohspeetahleedahdh*

Money matters

● **In general,** banks are open to the public between 9am and 2pm; they are closed on Saturdays. In large cities it is possible to find main branches open until 4.30. To exchange currency a passport is required. Some travel agencies also provide facilities. The sign *cambio* indicates that money can be exchanged. Hotels may also offer this service, but at a less favourable rate.

8.1 Banks

Where can I find a _____ bank/an exchange office around here?	¿Dónde hay un banco/una oficina de cambios por aquí? *dohndeh ay oon bahnkoh/oonah ohfeetheenah deh kahmbyohs pohr ahkee?*
Where can I cash this _____ traveller's cheque/giro cheque?	¿Dónde puedo cambiar este cheque de viajero/este cheque postal? *dohndeh pwehdoh kahmbyahr ehsteh chehkeh deh byahhehroh/ehsteh chehkeh pohstahl?*
Can I cash this...here? _____	¿Puedo cambiar aquí este...? *pwehdoh kahmbyahr ahkee ehsteh...?*
Can I withdraw money _____ on my credit card here?	¿Se puede sacar dinero con una tarjeta de crédito? *seh pwehdeh sahkahr deenehroh kohn oonah tahrhehtah deh krehdeetoh?*
What's the minimum/ _____ maximum amount?	¿Cuál es el mínimo/el máximo? *kwahl ehs ehl meeneemoh/ehl mahxeemoh?*
Can I take out less _____ than that?	¿También puedo sacar menos? *tahmbyehn pwehdoh sahkahr mehnohs?*

> Firme aquí _____ | Sign here, please
> Tiene que rellenar esto _____ | Fill this out, please
> ¿Me permite su pasaporte? _____ | Could I see your passport, please?
> ¿Me permite su carnet de identidad? __ | Could I see some identification, please?
> ¿Me permite su tarjeta de la _____ caja postal? | Could I see your girobank card, please?
> ¿Me permite su tarjeta del banco? ____ | Could I see your bank card, please?

I've had some money _____ transferred here. Has it arrived yet?
He pedido un giro telegráfico. ¿Me ha llegado ya?
eh pehdeedoh oon heeroh tehlehgrahfeekoh. meh ah lyehgahdoh yah?

These are the details _____ of my bank in the UK
Estos son los datos de mi banco en el Reino Unido
ehstohs sohn lohs dahtohs deh mee bahnkoh ehn ehl reynoh ooneedoh

This is my bank/giro _____ number
Este es mi número de cuenta bancaria/de la caja postal
ehsteh ehs mee noomehroh deh kwehntah bahnkahryah/deh lah kahhah pohstahl

I'd like to change_____ some money
Quisiera cambiar dinero
keesyehrah kahmbyahr deenehroh

– pounds into... _____
Libras esterlinas por...
leebrahs ehstehrleenahs pohr...

– dollars into... _____
Dólares estadounidenses por...
dohlahrehs ehstahdohooneedehnsehs pohr...

What's the exchange _____ rate?	¿A cuánto está el cambio? *ah kwahntoh ehstah ehl kahmbyoh?*
Could you give me _____ some small change with it?	¿Me podría dar sencillo/cambio? *meh pohdreeah dahr sehntheelyoh/kahmbyoh?*
This is not right _____	Esto está mal *ehstoh ehstah mahl*

8.2 Settling the bill

Could you put it on _____ my bill?	¿Podría cargarlo a mi cuenta? *pohdreeah kahrgahrloh ah mee kwehntah?*
Does this amount _____ include service?	¿Está incluido el servicio en esta cifra? *ehstah eenklooeedoh ehl sehrbeethyoh ehn ehstah theefrah?*
Can I pay by...? _____	¿Puedo pagar con...? *pwehdoh pahgahr kohn...?*
Can I pay by credit card? _____	¿Puedo pagar con tarjeta de crédito? *pwehdoh pahgahr kohn tahrhehtah deh krehdeetoh?*
Can I pay by traveller's _____ cheque?	¿Puedo pagar con un cheque de viajero? *pwehdoh pahgahr kohn oon chehkeh de byahhehroh?*
Can I pay with foreign _____ currency?	¿Puedo pagar con moneda extranjera? *pwehdoh pahgahr kohn mohnehdah ehxtrahnhehrah?*

➤

No aceptamos tarjetas de _____ crédito/cheques de viajero/moneda extranjera	We don't accept credit cards/traveller's cheques/foreign currency

You've given me too _____ much/you haven't given me enough change

Me ha devuelto de más/de menos
meh ah dehbwehltoh deh mahs/deh mehnohs

Could you check the _____ bill again, please?

¿Puede volver a hacer la cuenta?
pwehdeh bohlbehr ah ahthehr lah kwehntah?

Could I have a receipt,_____ please?

¿Podría darme un recibo?
pohdreeah dahrmeh oon rehtheeboh?

I don't have enough _____ money on me

No me alcanza el dinero
noh meh ahlkahnthah ehl deenehroh

This is for you _____

Tenga, esto es para usted
tehngah, ehstoh ehs pahrah oostehdh

Keep the change _____

Quédese con la vuelta
kehdehseh kohn lah bwehltah

Post and telephone

9.1 Post

For giros, see 8 Money matters

● **Post offices** are open from Monday to Saturday from 9am to 1 or 1.30pm. However stamps (*sellos*) can be bought at any *estanco* and many hotels also provide stamps. It is advisable to post letters at a post office, rather than the yellow mail boxes (*buzón*).

giros postales
  money orders
	telegramas
	  telegrams

paquetes
  parcels
	sellos
	  stamps

Where's...? _____	¿Dónde está...? *dohndeh ehstah...?*
Where's the post office? _____	¿Dónde hay una oficina de Correos por aquí? *dohndeh ay oonah ohfeetheenah deh kohrrehohs pohr ahkee?*
Where's the main post office? _____	¿Dónde está la oficina central de Correos? *dohndeh ehstah lah ohfeetheenah thehntrahl deh kohrrehohs?*
Where's the postbox? _____	¿Dónde hay un buzón por aquí? *dohndeh ahee oon boothohn pohr ahkee?*
Which counter should I go to...? _____	¿Cuál es la ventanilla para...? *kwahl ehs lah behntahneelyah pahrah...?*

– to send a fax _____	¿Cuál es la ventanilla para enviar un fax?
	kwahl ehs lah behntahneelyah pahrah ehnbyahr oon fahx?
– to change money _____	¿Cuál es la ventanilla para cambiar dinero?
	kwahl ehs lah behntahneelyah pahrah kahmbyahr deenehroh?
– to change giro cheques _____	¿Cuál es la ventanilla para los cheques postales?
	kwahl ehs lah behntahneelyah pahrah lohs chehkehs pohstahlehs?
– for a Telegraph Money Order? _____	¿Cuál es la ventanilla para los giros telegráficos?
	kwahl ehs lah behntahneelyah pahrah lohs heerohs tehlehgrahfeekohs?
Poste restante _____	Lista de correos
	leestah deh kohrrehohs
Is there any mail for me? My name's... _____	¿Hay carta para mí? Me llamo...
	ay kahrtah pahrah mee? meh lyahmoh...

Stamps

What's the postage for a...to...? _____	¿Cuánto se le pone a un(a)...para...?
	kwahntoh seh leh pohneh ah oon(ah)...pahrah...?
Are there enough stamps on it? _____	¿Lleva suficiente franqueo?
	lyehbah soofeethyehnteh frahnkehoh?

9 Post and telephone

I'd like... ...euro stamps _____	Déme...sellos de... *dehmeh...sehlyohs deh...*
I'd like to send this... _____	Quisiera enviar esto... *keesyehrah ehnbyahr ehstoh...*
– express _____	Quisiera enviar esto por correo urgente *keesyehrah ehnbyahr ehstoh pohr kohrrehoh oorhehnteh*
– by air mail _____	Quisiera enviar esto por avión *keesyehrah ehnbyahr ehstoh pohr ahbyohn*
– by registered mail _____	Quisiera enviar esto certificado *keesyehrah ehnbyahr ehstoh thehrteefeekahdoh*

Telegram / fax

I'd like to send a _____ telegram to...	Quisiera mandar un telegrama a... *keesyehrah mahndahr oon tehlehgrahmah ah...*
How much is that _____ per word?	¿Cuánto cuesta por palabra? *kwahntoh kwehstah pohr pahlahbrah?*
This is the text I want _____ to send	Este es el texto que quiero enviar *ehsteh ehs ehl tehxtoh keh kyehroh ehnbyahr*
Shall I fill in the form _____ myself?	¿Relleno yo mismo el formulario? *rehlyehnoh yoh meesmoh ehl fohrmoolahryoh?*

Can I make photocopies/ _____ send a fax here?	¿Se pueden hacer fotocopias/se puede enviar un fax aquí? *seh pwehdehn ahthehr fohtohkohpyahs/seh pwehdeh ehnbyahr oon fahx ahkee?*
How much is it _____ per page?	¿Cuánto cuesta por página? *kwahntoh kwehstah pohr pahheenah?*

9.2 Telephone

See also 1.8 Telephone alphabet

● **All phone booths** offer a direct international service to the UK or US (07 – country code 44 (UK) or 1 (US) – trunk code minus 0 – number). Area codes are displayed. It is easier, and may even be cheaper to place your call from the *Telefónica* or telephone office.
When phoning someone in Spain, you will not be greeted with the subscriber's name but *diga* or *dígame*.

Is there a phone box _____ around here?	¿Hay alguna cabina teléfonica por aquí? *ay ahlgoonah kahbeenah tehlehfohneekah pohr ahkee?*
Could I use your _____ phone, please?	¿Podría usar su teléfono? *pohdreeah oosahr soo tehlehfohnoh?*
Do you have a _____ (city/region)...phone directory?	¿Tiene una guía de teléfonos de la ciudad/la provincia de...? *tyehneh oonah gheeah deh tehlehfohnohs deh lah thyoodahdh/lah prohbeenthyah deh...?*

127

Where can I get a _____ phone card?	¿Dónde puedo conseguir una tarjeta de teléfonos?
	dohndeh pwehdoh kohnsehgheer oonah tahrhehtah deh tehlehfohnohs?
Could you give me...? _____	¿Me podría dar...?
	meh pohdreeah dahr...?
– the number for _____ international directory enquiries	¿Me podría dar el número de información internacional?
	meh pohdreeah dahr ehl noomehroh deh eenfohrmahthyohn eentehrnahthyohnahl?
– the number of room... _____	¿Me podría dar el número de la habitación...?
	meh pohdreeah dahr ehl noomehroh deh lah ahbeetahthyohn...?
– the international _____ access code	¿Me podría dar el indicativo internacional?
	meh pohdreeah dahr ehl eendeekahteeboh eentehrnahthyonahl...?
– the country code for... _____	¿Me podría dar el indicativo de...?
	meh pohdreeah dahr ehl eendeekahteeboh deh...?
– the trunk code for... _____	¿Me podría dar el prefijo de...?
	meh pohdreeah dahr ehl prehfeehoh deh...?
– the number of... _____	¿Me podría dar el número de abonado de...?
	meh pohdreeah dahr ehl noomehroh deh ahbohnahdoh deh...?

Could you check if this _____ number's correct?	¿Podría controlar si está bien este número?
	pohdreeah kohntrohlahr see ehstah byehn ehsteh noomehroh?
Can I dial international _____ direct?	¿Se puede llamar directamente al extranjero?
	seh pwehdeh lyahmahr deerehktahmehnteh ahl ehxtrahnhehroh?
Do I have to go through _____ the switchboard?	¿Hay que llamar por operadora?
	ay keh lyahmahr pohr ohpehrahdohrah?
Do I have to dial '0' _____ first?	¿Hay que marcar primero el cero?
	ay keh mahrkahr preemehroh ehl thehroh?
Do I have to book _____ my calls?	¿Hay que pedir línea?
	ay keh pehdeer leenehah?
Could you dial this _____ number for me, please?	¿Podría usted llamar a este número?
	pohdreeah oostehd lyahmahr ah ehsteh noomehroh?
Could you put me _____ through to.../extension..., please?	¿Me podría poner con.../con la extensión...?
	meh pohdreeah pohnehr kohn.../kohn lah ehxtehnsyohn...?
I'd like to place a _____ reverse-charge call to...	Quisiera una llamada de cobro revertido a...
	keesyehrah oonah lyahmahdah deh kohbroh rehbehrteedoh ah...
What's the charge per _____ minute?	¿Cuánto cuesta por minuto?
	kwahntoh kwehstah pohr meenootoh?
Have there been any _____ calls for me?	¿Ha habido alguna llamada para mí?
	ah ahbeedoh ahlgoonah lyahmahdah pahrah mee?

9 Post and telephone

The conversation

Hello, this is... _____	Buenos días, soy... *bwehnohs deeahs, soy...*
Who is this, please? _____	¿Con quién hablo? *kohn kyehn ahbloh?*
Is this...? _____	¿Hablo con...? *ahbloh kohn...?*
I'm sorry, I've dialled _____ the wrong number	Perdone, me he equivocado de número *pehrdohneh, meh eh ehkeebohkahdoh deh noomehroh*
I can't hear you _____	No le oigo bien *noh leh oygoh byehn*

►

Lo llaman por teléfono _____	There's a phone call for you
Primero tiene que marcar el cero ____	You have to dial '0' first
Un momento, por favor _____	One moment, please
No contestan _____	There's no answer
Está comunicando _____	The line's engaged
¿Quiere esperar? _____	Do you want to hold?
Ahora le paso _____	Putting you through
Se ha equivocado de número _____	You've got a wrong number
El señor/la señora...no está en _____ estos momentos.	He's/she's not here right now
El señor/la señora...no estará hasta...__	He'll/she'll be back...
Este es el contestador_____ automático de...	This is the answering machine of...

I'd like to speak to... _____

Quisiera hablar con...
keesyehrah ahblahr kohn...

Is there anybody _____
who speaks English?

¿Hay alguien que hable inglés?
ay ahlghyehn keh ahbleh eenglehs?

Extension..., please _____

¿Me pone con la extensión...?
meh pohneh kohn lah ehxtehnsyohn...?

Could you ask him/her _____
to call me back?

¿Podría decirle que me llame?
pohdreeah dehtheerleh keh meh lyahmeh?

My name's... _____
My number's...

Me llamo...Mi número es...
meh lyahmoh...mee noomehroh ehs...

Could you tell him/her _____
I called?

¿Puede decirle que he llamado?
pwehdeh dehtheerleh keh eh lyahmahdoh?

I'll call back tomorrow _____

Lo/la volveré a llamar mañana
loh/lah bohlbehreh ah lyahmahr mahnyahnah

10

Shopping

● **Opening times:** Monday to Friday, 9.30am–1.30pm and 5pm–8pm.
Department stores are open in the afternoons from 4pm and remain open on
Saturdays. Other shops generally close on Saturdays at 1pm. In tourist areas
shops open for longer periods.
Chemists display the list of *farmacias de guardia* (those open on Sundays and
after hours).

10.1 Shopping conversations

Where can I get...? _____	¿Dónde puedo conseguir...?
	dohndeh pwehdoh kohnsehgheer...?
When does this shop _____ open?	¿De qué hora a qué hora abren?
	deh keh ohrah ah keh ohrah ahbrehn?
Could you tell me _____ where the...department is?	¿Me podría indicar la sección de...?
	meh pohdreeah eendeekahr lah sehkthyohn deh...?
Could you help me, _____ please? I'm looking for...	¿Podría ayudarme? Busco...
	pohdreeah ahyoodahrmeh? booskoh...
Do you sell British/ American newspapers?	¿Venden periódicos británicos/americanos?
	behndehn pehryohdeekohs breetahneekohs/ahmehreekahnohs?

▶

¿Lo/la atienden? _____	Anything else?
¿Algo más? _____	Are you being served?

No, I'd like... _____	No. Quisiera...
	noh. keesyehrah...

133

almacén **department store**

antigüedades **antiques**

artículos de deporte **sports shop**

artículos del hogar **household goods**

artículos dietéticos **health food shop**

artículos fotográficos **camera shop**

artículos usados **second hand goods**

autoservicio **self service**

bicicletas **bicycle shop**

bodega **off licence**

bricolaje **DIY-store**

carnicería **butcher's shop**

casa de música **music shop**

centro comercial **shopping centre**

comestibles **grocery store**

decoración (de interiores) **interior design shop**

droguería **household products and cosmetics**

electrodomésticos **electrical appliances**

estanco **tobacconist**

farmacia **chemist**

ferretería **hardware shop**

floristería **florist**

frutas y verduras **greengrocer**

galería comercial **shopping arcade**

heladería **ice cream parlour**

joyería **jeweller**

juguetería **toy shop**

lavandería **laundry**

lechería **dairy**

librería **book shop**

mercado **market**

mercería **draper**

óptica **optician**

panadería **bakery**

pastelería **cake shop**

peluquería (señoras, caballeros) **hairdresser**

perfumería **cosmetics**

pescadería **fishmonger**

quiosco **news stand**

recuerdos de viaje **souvenir shop**

reparación de bicicletas **bicycle repair shop**

revistas y prensa **newsagent**

salón de belleza **beauty parlour**

supermercado **supermarket**

tienda **shop**

tienda de modas **clothes shop**

tintorería **drycleaner**

zapatería **shoe shop**

zapatero **cobbler**

I'm just looking,_____ if that's all right	Sólo estoy mirando, gracias *sohloh ehstoy meerahndoh, grathyahs*
Yes, I'd also like... _____	Sí, también déme... *see, tahmbyehn dehmeh...*
No, thank you. That's all_____	No, gracias. Es todo *noh, grathyahs, ehs tohdoh*
Could you show me...? _____	¿Me podría mostrar...? *meh pohdreeah mohstrahr...?*
I'd prefer..._____	Prefiero... *prehfyehroh...*
This is not what I'm _____ looking for	No es lo que busco *noh ehs loh keh booskoh*
Thank you. I'll keep looking	Gracias. Voy a seguir mirando *grathyahs. boy ah sehgheer meerahndoh*
Do you have_____ something...?	¿No tendría algo ...? *noh tehndreeah ahlgoh ...?*
– less expensive? _____	¿No tendría algo más barato? *noh tehndreeah ahlgoh mahs bahrahtoh?*
– smaller? _____	¿No tendría algo más pequeño? *noh tehndreeah ahlgoh mahs pehkehnyoh?*
– larger?_____	¿No tendría algo más grande? *noh tehndreeah ahlgoh mahs grahndeh?*
I'll take this one _____	Me llevo éste/ésta *meh lyehboh ehsteh/ehstah*
Does it come with_____ instructions?	¿Viene con instrucciones? *byehneh kohn eenstrookthyohnehs?*
It's too expensive _____	Me parece muy caro *meh pahrehtheh mwee kahroh*

10.2 Food

I'd like a hundred grams of..., please	Quisiera cien gramos de...
	keesyehrah thyehn grahmohs deh...
– half a kilo of...	Quisiera medio kilo de...
	keesyehrah mehdyoh keeloh deh...
– a kilo of...	Quisiera un kilo de...
	keesyehrah oon keeloh deh...
Could you...it for me, please?	¿Me lo podría...?
	meh loh pohdreeah...?
Could you slice it/ dice it for me, please?	¿Me lo podría cortar en lonchas/en trozos?
	meh loh pohdreeah kohrtahr ehn lohnchahs/ehn trohthohs?
Could you grate it for me, please?	¿Me lo podría rallar?
	meh loh pohdreeah rahlyahr?
Can I order it?	¿Se lo podría encargar?
	seh loh pohdreeah ehnkahrgahr?

▶

Lo siento; no lo tenemos	I'm sorry, we don't have that
Lo siento; ya no queda	I'm sorry, we're sold out
Lo siento, hasta el...no lo tendremos	I'm sorry, that won't be in until...
Pague en la caja, por favor	You can pay at the cash desk
No aceptamos tarjetas de crédito	We don't accept credit cards
No aceptamos cheques de viajero	We don't accept traveller's cheques
No aceptamos moneda extranjera	We don't accept foreign currency

I'll pick it up tomorrow/_____ at...

Pasaré a buscarlo mañana/a las...
pahsahreh ah booskahrloh mahnyahnah/ah lahs...

Can you eat/drink this? _____

¿Es para comer/beber?
ehs pahrah kohmehr/behbehr?

What's in it? _____

¿Qué lleva dentro?
keh lyehbah dehntroh?

10.3 Clothing and shoes

I saw something in the _____ window. Shall I point it out?

He visto algo en el escaparate. ¿Se lo enseño?
eh beestoh ahlgoh ehn ehl ehskahpahrahteh, seh loh ehnsehnyoh?

I'd like something to _____ go with this

Busco algo que haga juego con esto
booskoh ahlgoh keh ahgah hwehgoh kohn ehstoh

Do you have shoes_____ in this colour?

¿Tiene zapatos de este color?
tyehneh thahpahtohs deh ehsteh kohlohr?

I'm a size...in the UK _____

En el Reino Unido tengo el número...
ehn ehl reheenoh ooneedoh tehngoh ehl noomehroh...

Can I try this on?_____

¿Me lo podría probar?
meh loh pohdreeah prohbahr?

Where's the fitting _____ room?

¿Dónde está el probador?
dohndeh ehstah ehl prohbahdohr?

It doesn't fit _____

No me vale
noh meh bahleh

10 Shopping

This is the right size _____	Este es mi número
	ehsteh ehs mee noomehroh
It doesn't suit me _____	No me está bien
	noh meh ehstah byehn
Do you have this/ _____ these in...?	¿Tiene éste/ésta, pero en...?
	tyehneh ehsteh/ehstah pehroh ehn...?
The heel's too high/low _____	El tacón me parece muy alto/bajo
	ehl tahkohn meh pahrehtheh mwee ahltoh/bahhoh
Is this/are these _____ genuine leather?	¿Es/son de piel auténtica?
	ehs/sohn deh pyehl ah-ootehnteekah?
I'm looking for a... _____ for a...-year-old baby/child	Busco un/una...para un bebé/niño de...años
	booskoh oon/oonah...pahrah oon behbeh/neenyoh deh...ahnyohs
I'd like a... ... _____	Quisiera un/una...de...
	keesyehrah oon/oonah...deh...
– silk _____	Quisiera un/una...de seda
	keesyehrah oon/oonah...deh sehdah
– cotton _____	Quisiera un/una...de algodón
	keesyehrah oon/oonah...deh ahlgohdohn
– woollen _____	Quisiera un/una...de lana
	keesyehrah oon/oonah...deh lahnah

No planchar	Colgar mojado	Lavado a mano
Do not iron	**Drip dry**	**Hand wash**
No centrifugar	Lavado en seco	Lavado a máquina
Do not spin dry	**Dry clean**	**Machine wash**

– linen _____	Quisiera un/una...de hilo
	keesyehrah oon/oonah...deh eeloh
What temperature _____ **can I wash it at?**	¿A qué temperatura lo puedo lavar?
	ah keh tehmpehrahtoorah loh pwehdoh lahbahr?
Will it shrink in the _____ **wash?**	¿Encoge al lavarlo?
	enkohheh ahl lahbahrloh?

10.4 Photographs and video

I'd like a film for this _____ **camera, please**	Quisiera un rollo/carrete para esta cámara
	keesyehrah oon rohlyoh/kahrrehteh pahrah ehstah kahmahrah
– a 126 cartridge _____	Quisiera una película en cassette de 126
	keesyehrah oonah pehleekoolah ehn kahseht deh thyehntoh beheenteesehees
– a 35mm colour slide _____	Un carrete de 35mm para diapositivas en color
	oon kahrrehteh deh treyntah ee theenkoh meeleemehtrohs pahrah deeapohseeteebahs ehn kohlohr
– a 35mm colour print _____	Un carrete de 35mm en color
	oon kahrrehteh deh treyntah ee theenkoh meeleemehtrohs ehn kohlohr
– a 35mm black _____ **and white**	Un carrete de 35mm en blanco y negro
	oon kahrrehteh deh treyntah ee theenkoh meeleemehtrohs ehn blahnkoh ee nehgroh

– a videotape _____ Quisiera una cinta de vídeo
keesyehrah oonah theentah deh veedehoh

colour/black and white _____ color/blanco y negro
kohlohr/blahnkoh ee nehgroh

super eight _____ superocho
soopehrohchoh

12/24/36 exposures _____ doce/veinticuatro/treinta y seis fotos
dohtheh/beheenteekwahtroh/treheentah ee sehees fohtohs

ASA/DIN number _____ valor ISO
bahlohr eesoh

daylight film _____ película para luz natural
pehleekoolah pahrah looth nahtoorahl

film for artificial light _____ película para luz artificial
pehleekoolah pahrah looth ahrteefeethyahl

Problems

Could you load the _____ ¿Me podría poner el rollo/carrete en la
film for me, please? cámara?
meh pohdreeah pohnehr ehl rohlyoh/kahrrehteh ehn lah kahmahrah?

Could you take the film _____ ¿Me podría sacar el rollo/carrete de la
out for me, please? cámara?
meh pohdreeah sahkahr ehl rohlyoh/kahrrehteh deh lah kahmahrah?

Should I replace _____ ¿Tengo que cambiar las pilas?
the batteries? *tehngoh keh kahmbyahr lahs peelahs?*

Could you have a look _____ at my camera, please? It's not working

¿Me podría revisar la cámara? Ya no funciona
meh pohdreeah rehbeesahr lah kahmahrah? yah noh foonthyohnah

The...is broken _____

Está estropeado el...
ehstah ehstrohpehahdoh ehl...

The film's jammed _____

Se ha atascado el rollo/carrete
seh ah ahtahskahdoh ehl rohlyoh /kahrrehteh

The film's broken _____

Se ha roto el rollo/carrete
seh ah rohtoh ehl rohlyoh/kahrrehteh

The flash isn't working _____

No funciona el flash
noh foonthyohnah ehl flahsh

Processing and prints

I'd like to have this film_____ developed/printed, please

Quisiera mandar a revelar/copiar este rollo/carrete
keesyehrah mahndahr ah rehbehlahr/kohpyahr ehsteh rohlyoh/kahrrehteh

I'd like...prints from _____ each negative

Quisiera...copias de cada negativo
keesyehrah...kohpyahs deh kahdah nehgahteeboh

glossy/mat _____

brillante/mate
breelyahnteh/mahteh

I'd like to reorder _____ these photos

Quisiera encargar más copias de estas fotos
keesyehrah ehnkahrgahr mahs kohpyahs deh ehstahs fohtohs

I'd like to have this _____ photo enlarged	Quisiera una ampliación de esta foto *keesyehrah oonah ahmplyahthyohn deh ehstah fohtoh*
How much is _____ processing?	¿Cuánto sale el revelado? *kwahntoh sahleh ehl rehbehlahdoh?*
– printing? _____	¿Cuánto sale el copiado? *kwahntoh sahleh ehl kohpyahdoh?*
– extra copies? _____	¿Cuánto salen las copias adicionales? *kwahntoh sahlehn lahs kohpyahs ahdeethyohnahlehs?*
– the enlargement? _____	¿Cuánto sale la ampliación? *kwahntoh sahleh lah ahmplyahthyohn?*
When will they _____ be ready?	¿Para cuándo van a estar? *pahrah kwahndoh bahn ah ehstahr?*

10.5 At the hairdresser's

Do I have to make an _____ appointment?	¿Tengo que pedir hora? *tehngoh keh pehdeer ohrah?*
Can I come in straight _____ away?	¿Podría atenderme en seguida? *pohdreeah ahtehndehrmeh ehn sehgheedah?*
How long will I have _____ to wait?	¿Cuánto tengo que esperar? *kwahntoh tehngoh keh ehspehrahr?*
I'd like a shampoo/ _____ haircut	Quisiera lavarme/cortarme el pelo *keesyehrah lahbahrmeh/kohrtahrmeh ehl pehloh*

I'd like a shampoo for _____ oily/dry hair, please	Quisiera un champú para cabello graso/seco *keesyehrah oon chahmpoo pahrah kahbehlyoh grahsoh/sehkoh*
an anti-dandruff _____ shampoo	Quisiera un champú anticaspa *keesyehrah oon chahmpoo ahnteekahspah*
– a shampoo for _____ permed/coloured hair	Quisiera un champú para cabello con permanente/teñido. *keesyehrah oon chahmpoo pahrah kahbehlyoh kohn pehrmahnehnteh/tehnyeedoh*
– a colour rinse shampoo_____	Quisiera un champú color *keesyehrah oon chahmpoo kohlohr*
– a shampoo with _____ conditioner	Quisiera un champú con acondicionador *keesyehrah oon chahmpoo kohn ahkohndeethyohnahdohr*
– highlights_____	Quisiera que me hagan claritos *keesyehrah keh meh ahgahn klahreetohs*
Do you have a colour _____ chart, please?	¿Tendría una carta de colores? *tehndreeah oonah kahrtah deh kohlohrehs?*
I want to keep it the _____ same colour	Quiero conservar el mismo color *kyehroh kohnsehrbahr ehl meesmoh kohlohr*
I'd like it darker/lighter _____	Quisiera un color más oscuro/más claro *keesyehrah oon kohlohr mahs ohskooroh/mahs klahroh*

I'd like/I don't want _____ hairspray	(No) quiero fijador _(noh) kyehroh fee<u>h</u>ahdohr_
– gel _____	(No) quiero gel _(noh) kyehroh <u>h</u>ehl_
– lotion _____	(No) quiero loción _(noh) kyehroh lohthyohn_
I'd like a short fringe _____	Quisiera el flequillo corto _keesyehrah ehl flehkeelyoh kohrtoh_
Not too short at the back _____	No lo quisiera demasiado corto por detrás _noh loh keesyehrah dehmahsyahdoh kohrtoh pohr dehtrahs_
Not too long here _____	No lo quisiera demasiado largo aquí _noh loh keesyehrah dehmahsyahdoh lahrgoh ahkee_
I'd like/I don't want (many) curls _____	(No) quisiera (demasiados) rizos _(noh) keesyehrah (dehmahsyadohs) reethohs_
It needs a little/ a lot taken off _____	Hay que cortar sólo un trocito/un buen trozo _ay keh kohrtahr sohloh oon trohtheetoh/oon bwehn trohthoh_
Could you put the _____ drier up/down a bit?	¿Podría poner el casco más alto/bajo? _pohdreeah pohnehr ehl kahskoh mahs ahltoh/ ba<u>h</u>oh?_
I'd like a facial _____	Quisiera una máscara facial _keesyehrah oonah mahskahrah fahthyahl_
– a manicure _____	Quisiera que me hagan manicura _keesyehrah keh meh ahgahn mahneekoorah_

– a massage _____	Quisiera que me hagan masaje *keesyehrah keh meh ahgahn mahsahhheh*
Could you trim _____ my fringe?	¿Me podría recortar el flequillo? *meh pohdreeah rehkohrtahr ehl flehkeelyoh?*
– my beard? _____	¿Me podría recortar la barba? *meh pohdreeah rehkohrtahr lah bahrbah?*
– my moustache? _____	¿Me podría recortar el bigote? *meh pohdreeah rehkohrtahr ehl beegohteh?*
I'd like a shave, please _____	Aféiteme, por favor *ahfeheetehmeh, pohr fahbohr*
I'd like a wet shave, please _____	Aféiteme a navaja, por favor *ahfeheetehmeh ah nahbahhhah, pohr fahbohr*

▶

¿Cómo quiere el corte de pelo? ___	How do you want it cut?
¿Qué modelo deseaba? ___	What style did you have in mind?
¿Qué color quiere? ___	What colour do you want it?
¿Esta temperatura le va bien? ___	Is the temperature all right for you?
¿Quiere algo para leer? ___	Would you like something to read?
¿Quiere algo para beber? ___	Would you like a drink?
¿Así está bien? ___	Is this what you had in mind?

11 At the Tourist Information Centre

11.1 Places of interest

Where's the Tourist _____ Information, please?	¿Dónde está la oficina de turismo? *dohndeh ehstah lah ohfeetheenah deh tooreesmoh?*
Do you have a city map? _____	¿Tendría un plano de la ciudad? *tehndreeah oon plahnoh deh lah thyoodahdh?*
Where is the museum? _____	¿Dónde está el museo? *dohndeh ehstah ehl moosehoh?*
Where can I find _____ a church?	¿Dónde podría encontrar una iglesia? *dohndeh pohdreeah ehnkohntrahr oonah eeglehsyah?*
Could you give me _____ some information about...?	¿Me podría dar información sobre...? *meh pohdreeah dahr eenfohrmahthyohn sohbreh...?*
How much is that? _____	¿Cuánto le debemos por esto? *kwahntoh leh dehbehmohs pohr ehstoh?*
What are the main _____ places of interest?	¿Cuáles son los sitios más interesantes para visitar? *kwahlehs sohn lohs seetyohs mahs eentehrehsahntehs pahrah veeseetahr?*
Could you point them _____ out on the map?	¿Me los podría señalar en el plano? *meh lohs pohdreeah sehnyahlahr ehn ehl plahnoh?*
What do you _____ recommend?	¿Qué nos recomienda? *keh nohs rehkohmyehndah?*

We'll be here for a _____ few hours	Pensamos quedarnos unas horas
pehnsahmohs kehdahrnohs oonahs ohrahs
– a day _____	Pensamos quedarnos un día
pehnsahmohs kehdahrnohs oon deeah
– a week_____	Pensamos quedarnos una semana
pehnsahmohs kehdahrnohs oonah sehmahnah
We're interested in... _____	Nos interesa...
nohs eentehrehsah...
Is there a scenic walk_____ around the city?	¿Hay algún circuito turístico para visitar la ciudad a pie?
ay ahlgoon theerkweetoh tooreesteekoh pahrah veeseetar lah thyoodahdh ah pyeh?
How long does it take? _____	¿Cuánto dura?
kwahntoh doorah?
Where does it start/end?_____	¿De dónde sale?/¿Dónde termina?
deh dohndeh sahleh?/dohndeh tehrmeenah?
Are there any boat _____ cruises here?	¿Hay excursiones en barco?
ay ehxkoorsyohnehs ehn bahrkoh?
Where can we board? _____	¿Dónde se puede embarcar?
dohndeh seh pwehdeh ehmbahrkahr?
Are there any bus tours? _____	¿Hay excursiones en autocar?
ay ehxkoorsyohnehs ehn ahootohkahr?
Where do we get on? _____	¿De dónde salen?
deh dohndeh sahlehn?
Is there a guide who _____ speaks English?	¿Hay algún guía que hable inglés?
ay ahlgoon gheeah keh ahbleh eenglehs?

What trips can we take _____ around the area?	¿Qué excursiones se pueden hacer en los alrededores? *keh ehxkoorsyohnehs seh pwehdehn ahthehr ehn lohs ahlrehdehdohrehs?*
Are there any _____ excursions?	¿Hay excursiones organizadas? *ay ehxkoorsyohnehs ohrgahneethahdahs?*
Where do they go to? _____	¿Hacia dónde van? *ahthyah dohndeh bahn?*
We'd like to go to... _____	Quisiéramos ir a... *keesyehrahmohs eer ah...*
How long is the trip? _____	¿Cuánto se tarda en llegar? *kwahntoh seh tahrdah ehn lyehgahr?*
How long do we _____ stay in...?	¿Cuánto dura la visita a...? *kwahntoh doorah lah beeseetah ah...*
Are there any guided_____ tours?	¿Hay visitas guiadas? *ay beeseetahs gheeahdahs?*
How much free time _____ will we have there?	¿Cuánto tiempo libre tenemos allí? *kwahntoh tyehmpoh leebreh tehnehmohs alyee?*
We want to go hiking _____	Nos gustaría hacer una excursión a pie *nohs goostahreeah ahthehr oonah ehxkoorsyohn ah pyeh*
Can we hire a guide? _____	¿Es posible contratar un guía? *ehs pohseebleh kohntrahtahr oon gheeah?*
Can I book mountain _____ huts?	¿Se puede hacer una reserva para un refugio (en la montaña)? *seh pwehdeh ahthehr oonah rehsehrbah pahrah oon rehfoohyoh (ehn lah mohntahnyah)?*

At the Tourist Information Centre

What time does... open/close?	¿A qué hora abre/cierra...? *ah keh ohrah ahbreh/thyehrrah...?*
What days is...open/ closed?	¿Qué días tiene abierto/cerrado...? *keh deeahs tyehneh ahbyehrtoh/thehrrahdoh...?*
What's the admission price?	¿Cuánto sale la entrada? *kwahntoh sahleh lah ehntrahdah?*
Is there a group discount?	¿Hay descuento para grupos? *ay dehskwehntoh pahrah groopohs?*
Is there a child discount?	¿Hay descuento para niños? *ay dehskwehntoh pahrah neenyohs?*
Is there a discount for pensioners?	¿Hay descuento para jubilados? *ay dehskwehntoh pahrah <u>h</u>oobeelahdohs?*
Can I take (flash) photos/can I film here?	¿Se pueden sacar fotos (con flash)/ filmar aquí? *seh pwehdehn sahkahr fohtohs(kohn flahsh)/feelmahr ahkee?*
Do you have any postcards of...?	¿Venden postales de...? *behndehn pohstahlehs deh...?*
Do you have an English...?	¿Tiene un...en inglés? *tyehneh oon...ehn eenglehs?*
– an English catalogue?	¿Tiene un catálogo en inglés? *tyehneh oon kahtahlohgoh ehn eenglehs?*
– an English programme?	¿Tiene un programa en inglés? *tyehneh oon prohgrahmah ehn eenglehs?*
– an English brochure?	¿Tiene un folleto en inglés? *tyehneh oon fohlyehtoh ehn eenglehs?*

11.2 Going out

● **At the cinema** most films are dubbed in Spanish. Sometimes there are only two showings, in the evening, at 7 and 11pm. In this case advance booking is advisable.

Do you have this week's/month's entertainment guide?	¿Tiene la guía de los espectáculos de esta semana/este mes? *tyehneh lah gheeah deh lohs ehspehktahkoolohs deh ehstah sehmahnah/ehsteh mehs?*
What's on tonight?	¿Adónde podríamos ir esta noche? *ahdohndeh pohdreeahmohs eer ehstah nohcheh?*
We want to go to...	Nos gustaría ir a... *nohs goostahreeah eer ah...*
Which films are showing?	¿Qué películas dan? *keh pehleekoolahs dahn?*
What sort of film is that?	¿Qué clase de película es? *keh klahseh deh pehleekoolah ehs?*
suitable for everyone	para todos los públicos *pahrah tohdohs lohs poobleekohs*
not suitable for children	prohibido para menores de 12/16 años *proheebeedoh pahrah mehnohrehs deh dohtheh/dyehtheesehees ahnyohs*
original version	versión original *behrsyohn ohreeheenahl*
subtitled	subtitulada *soobteetoolahdah*

dubbed _____	doblada *dohblahdah*
Is it a continuous _____ showing?	¿Es sesión continua? *ehs sehsyohn kohnteenooah?*
What's on at...? _____	¿Qué dan en...? *keh dahn ehn...?*
– the theatre? _____	¿Qué dan en el teatro? *keh dahn ehn ehl tehahtroh?*
– the concert hall? _____	¿Qué dan en la sala de conciertos? *keh dahn ehn lah sahlah deh kohnthyehrtohs?*
– the opera? _____	¿Qué dan en la ópera? *keh dahn ehn lah ohpehrah?*
Where can I find a good _____ disco around here?	¿Dónde hay una buena discoteca por aquí? *dohndeh ay oonah bwehnah deeskohtehkah pohr ahkee?*
Is it for members only? _____	¿Hay que ser socio? *ay keh sehr sohthyoh?*
Where can I find a good _____ cabaret club around here?	¿Dónde hay un buen cabaret por aquí? *dohndeh ay oon bwehn kahbahreh pohr ahkee?*
Is it evening wear only? _____	¿Hay que ir en traje de etiqueta? *ay keh eer ehn trah<u>h</u>eh deh ehteekehtah?*
Should I/we dress up? _____	¿Es recomendable ir en traje de etiqueta? *ehs rehkohmehndahbleh eer ehn trah<u>h</u>eh deh ehteekehtah?*

What time does the _____ show start?	¿A qué hora empieza el espectáculo? *ah keh ohrah ehmpyehthah ehl ehspehktahkooloh?*
When's the next soccer _____ match?	¿Cuándo es el próximo partido de fútbol? *kwahlndoh ehs ehl prohxeemoh pahrteedoh deh footbohl?*
Who's playing? _____	¿Quiénes juegan? *kyehnehs <u>h</u>wehgahn?*
I'd like an escort for tonight. _____ Could you arrange that for me?	Quisiera contratar un/una acompañante para esta noche. ¿Podría hacerme una reserva? *keesyehrah kohntrahtahr oon/oonah ahkohmpahnyahnteh pahrah ehstah nohcheh. podreeah ahthehrmeh oonah rehsehrbah?*

11.3 Booking tickets

Could you book some _____ tickets for us?	¿Podría hacernos una reserva? *pohdreeah ahthehrnohs oonah rehsehrbah?*
We'd like to book... _____ tickets/a table...	Quisiéramos...entradas/una mesa... *keesyehrahmohs...ehntrahdahs/oonah mehsah...*
– tickets/seats in the _____ stalls	Quisiéramos...entradas en la platea *keesyehrahmohs...ehntrahdahs ehn lah plahtehah*
– tickets/seats on the _____ balcony	Quisiéramos...entradas en el palco *keesyehrahmohs...ehntrahdahs ehn ehl pahlkoh*

– box seats _____	Quisiéramos...entradas en el palco privado *keesyehrahmohs...ehntrahdahs ehn ehl pahlkoh preebahdoh*
– a table at the front_____	Quisiéramos una mesa adelante *keesyehrahmohs oonah mehsah ahdehlahnteh*
– in the middle_____	Quisiéramos una mesa al centro *keesyehrahmohs oonah mehsah ahl thehntroh*
– at the back_____	Quisiéramos una mesa atrás *keesyehrahmohs oonah mehsah ahtrahs*
Could I book...seats for the...o'clock performance?	¿Podría reservar...entradas para la función de las...? *pohdreeah rehsehrbahr...ehntrahdahs pahrah lah foonthyohn deh lahs...?*
Are there any seats left_____ for tonight?	¿Quedan entradas para esta noche? *kehdahn ehntrahdahs pahrah ehstah nohcheh?*
How much is a ticket? _____	¿Cuánto sale la entrada? *kwahntoh sahleh lah ehntrahdah?*
When can I pick the _____ tickets up?	¿Cuándo puedo pasar a retirar las entradas? *kwahndoh pwehdoh pahsahr ah rehteerahr lahs ehntrahdahs?*
I've got a reservation_____	Tengo una reserva *tehngoh oonah rehsehrbah*
My name's..._____	Me llamo... *meh lyahmoh...*

Sports

Sports

12.1 Sporting questions

Where can we..._____ around here?	¿Dónde se puede...? *dohndeh seh pwehdeh...?*
Is there a... _____ around here?	¿Hay algún...por aquí cerca? *ay ahlgoon...pohr ahkee thehrkah?*
Can I hire a...here? _____	¿Alquilan...? *ahlkeelahn...?*
Can I take...lessons? _____	¿Dan clases de...? *dahn klahsehs deh...?*
How much is that per _____ hour/per day/class?	¿Cuánto sale por hora/día/clase? *kwahntoh sahleh pohr ohrah/deeah/klahseh?*
Do I need a permit _____ for that?	¿Se necesita un permiso? *seh nehthehseetah oon pehrmeesoh?*
Where can I get _____ the permit?	¿Dónde se consiguen los permisos? *dohndeh seh kohnseeghehn lohs pehrmeesohs?*

12.2 By the waterfront

Is it a long way to _____ the sea still?	¿Falta mucho para llegar al mar? *fahltah moochoh pahrah lyehgahr ahl mahr?*
Is there a...around here? _____	¿Hay algún...por aquí? *ay ahlgoon...pohr ahkee?*
– an outdoor/indoor/ _____ public swimming pool	¿Hay alguna piscina por aquí? *ay ahlgoonah peestheenah pohr ahkee?*

156

– a sandy beach _____	¿Hay alguna playa con arena por aquí? *ay ahlgoonah plahyah kohn ahrehnah pohr ahkee?*
– a nudist beach _____	¿Hay alguna playa nudista por aquí? *ay ahlgoonah plahyah noodeestah pohr ahkee?*
– mooring _____	¿Hay algún atracadero por aquí? *ay ahlgoon ahtrahkahdehroh pohr ahkee?*
Are there any rocks here? _____	¿Hay rocas? *ay rohkahs?*
When's high/low tide? _____	¿Cuándo sube/baja la marea? *kwahndoh soobeh/bahhah lah mahrehah?*
What's the water temperature? _____	¿Qué temperatura tiene el agua? *keh tehmpehrahtoorah tyehneh ehl ahgwah?*
Is it (very) deep here? _____	¿Es (muy) profundo? *ehs mwee prohfoondoh?*
Can you stand here? _____	¿Se puede hacer pie? *seh pwehdeh ahtehhr pyeh?*
Is it safe to swim here? _____	¿Es seguro para nadar? *ehs sehgooroh pahrah nahdahr?*
Are there any currents? _____	¿Hay corriente? *ay kohrryehnteh?*

Peligro
  Danger
	Prohibido pescar
	  No fishing
		Prohibido bañarse
		  No swimming

Aguas de pesca
  Fishing water
	Prohibido hacer surfing
	  No surfing
		Permiso obligatorio
		  Permits only

Are there any rapids/_____ waterfalls in this river?	¿Este río tiene rápidos/cascadas? *ehsteh reeoh tyehneh rahpeedohs/kahskahdahs?*
What does that flag/_____ buoy mean?	¿Qué significa aquella bandera/boya? *keh seegneefeekah ahkehlyah bahndehrah/bohyah?*
Is there a life guard _____ on duty here?	¿Hay algún vigilante de servicio? *ay ahlgoon veeheelante deh sehrbeetheeoh?*
Are dogs allowed here? _____	¿Está permitido traer perros? *ehstah pehrmeeteedoh trahehr pehrrohs?*
Is camping on the_____ beach allowed?	¿Está permitido acampar en la playa? *ehstah pehrmeeteedoh ahkahmpahr ehn lah plahyah?*
Are we allowed to _____ build a fire here?	¿Está permitido hacer fuego? *ehstah pehrmeeteedoh ahthehr fwehgoh?*

12.3 In the snow

Can I take ski lessons_____ here?	¿Dan clases de esquí? *dahn klahsehs deh eskee?*
for beginners/advanced _____	para principiantes/avanzados *pahrah preentheepyahntehs/ahbahnthahdohs*
How large are the _____ groups?	¿De cuántas personas son los grupos? *deh kwahntahs pehrsohnahs sohn lohs groopohs?*
What language are_____ the classes in?	¿En qué idioma son las clases? *ehn keh eedyohmah sohn lahs klahsehs?*

I'd like a lift pass, _____ please

Quisiera un pase para las telesillas
keesyehrah oon pahseh pahrah lahs tehlehseelyahs

Must I give you a _____ passport photo?

¿Se necesita foto?
seh nehthehseetah fohtoh?

Where can I have a_____ passport photo taken?

¿Dónde puedo sacarme fotos?
dohndeh pwehdoh sahkahrmeh fohtohs?

Where are the _____ beginners' slopes?

¿Dónde están las pistas para principiantes?
dohndeh ehstahn lahs peestahs pahrah preentheepyahntehs?

Are there any runs for_____ cross-country skiing?

¿Hay pistas de esquí de fondo por aquí?
ay peestahs deh ehskee deh fohndoh pohr ahkee?

Have the cross-country _____ runs been marked?

¿Las pistas de esquí de fondo están señalizadas?
lahs peestahs deh ehskee deh fohndoh ehstahn sehnyahleethahdahs?

Are the...in operation?_____

¿Están abiertos los...?
ehstahn ahbyehrtohs lohs...?

– the ski lifts _____

¿Ya funcionan los telesquís?
yah foonthyohnahn lohs tehlehskees?

– the chair lifts_____

¿Ya funcionan las telesillas?
yah foonthyohnahn lahs tehlehseelyahs?

Are the slopes usable? _____

¿Están abiertas las pistas?
ehstahn ahbyehrtahs lahs peestahs?

13

Sickness

13.1 Call (fetch) the doctor

Could you call/fetch a _____
doctor quickly, please?

¿Podría llamar/ir a buscar rápido a un médico, por favor?
pohdreeah lyahmahr/eer ah booskahr rahpeedoh ah oon mehdeekoh, pohr fahbohr?

When does the doctor_____
have surgery?

¿Cuándo tiene consulta el médico?
kwahndoh tyehneh kohnsooltah ehl mehdeekoh?

When can the doctor _____
come?

¿Cuándo puede venir el médico?
kwahndoh pwehdeh behneer ehl mehdeekoh?

I'd like to make an _____
appointment to see the doctor

¿Podría pedirme hora con el médico?
pohdreeah pehdeermeh ohrah kohn ehl mehdeekoh?

I've got an appointment _____
to see the doctor at...

Tengo hora con el médico para las...
tehngoh ohrah kohn ehl mehdeekoh pahrah lahs...

Which doctor/chemist _____
has night/weekend duty?

¿Qué médico/farmacia está de guardia esta noche/este fin de semana?
keh mehdeekoh/fahrmahthyah ehstah deh gwahrdyah ehstah nohcheh/ehsteh feen deh sehmahnah?

13.2 Patient's ailments

I don't feel well _____

No me siento bien
noh meh syehntoh byehn

I'm dizzy	Tengo mareos *tehngoh mahrehohs*
– ill	Estoy enfermo *ehstoy ehnfehrmoh*
– sick	Tengo náuseas *tehngoh nahoosehahs*
I've got a cold	Estoy acatarrado *ehstoy ahkahtahrrahdoh*
It hurts here	Me duele aquí *meh dwehleh ahkee*
I've been throwing up	He devuelto *eh dehbwehltoh*
I've got...	Tengo molestias de... *tehngoh mohlehstyahs deh...*
I'm running a temperature of...degrees	Tengo...grados de fiebre *tehngoh...grahdohs deh fyehbreh*
I've been stung by a wasp	Me ha picado una avispa *meh ah peekahdoh oonah ahbeespah*
I've been stung by an insect	Me ha picado un insecto *meh ah peekahdoh oon eensehktoh*
I've been bitten by a dog	Me ha mordido un perro *meh ah mohrdeedoh oon pehrroh*
I've been stung by a jellyfish	Me ha picado una medusa *meh ah peekahdoh oonah mehdoosah*
I've been bitten by a snake	Me ha mordido una serpiente *meh ah mohrdeedoh oonah sehrpyehnteh*
I've cut myself	Me he cortado *meh eh kohrtahdoh*
I've burned myself	Me he quemado *meh eh kehmahdoh*

I've grazed myself_____	Tengo una rozadura
	tehngoh oonah rohthahdoorah
I've had a fall _____	Me he caído
	meh eh kaheedoh
I've sprained my ankle _____	Me he torcido el tobillo
	meh eh tohrtheedoh ehl tohbeelyoh
I've come for the_____ morning-after pill	Vengo a que me dé una píldora del día después
	behngoh ah keh meh deh oonah peeldohrah dehl deeah dehspwehs

13.3 The consultation

►

¿Qué molestias tiene?_____	What seems to be the problem?
¿Cuánto hace que tiene estas_____ molestias?	How long have you had these symptoms?
¿Ha tenido estas molestias _____ anteriormente?	Have you had this trouble before?
¿Qué temperatura tiene? _____	How high is your temperature?
Desnúdese. _____	Get undressed, please
Desvístase de la cintura para arriba ___	Strip to the waist, please
Allí puede quitarse la ropa _____	You can undress there
Descúbrase el brazo _____ izquierdo/derecho	Roll up your left/right sleeve, please
Recuéstese aquí _____	Lie down here, please
¿Le duele esto?_____	Does this hurt?
Respire hondo_____	Breathe deeply
Abra la boca _____	Open your mouth

Patient's medical history

I'm a diabetic _____	Soy diabético *soy deeahbehteekoh*
I have a heart condition _____	Soy enfermo cardíaco *soy ehnfehrmoh kahrdeeahkoh*
I have asthma _____	Soy asmático *soy ahsmahteekoh*
I'm allergic to... _____	Soy alérgico a... *soy ahlehrheekoh ah...*
I'm...months pregnant_____	Estoy embarazada de...meses *ehstoy ehmbahrahthadah deh...mehsehs*
I'm on a diet_____	Sigo una dieta *seegoh oonah dyehtah*
I'm on medication/ _____ the pill	Tomo medicamentos/la píldora *tohmoh mehdeekahmehntohs/lah peeldohrah*
I've had a heart attack_____ once before	He tenido un ataque cardíaco anteriormente *eh tehneedoh oon ahtahkeh kahrdeeahkoh ahntehryohrmehnteh*
I've had a(n)...operation _____	Me han operado del/de la... *meh ahn ohpehrahdoh dehl/deh lah...*
I've been ill recently_____	He estado enfermo hace poco *eh ehstahdoh ehnfehrmoh ahtheh pohkoh*
I've got an ulcer _____	Tengo una úlcera *tehngoh oonah oolthehrah*
I've got my period _____	Tengo la regla *tehngoh lah rehglah*

➤

¿Padece alguna alergia? _____	Do you have any allergies?
¿Toma medicamentos? _____	Are you on any medication?
¿Sigue alguna dieta? _____	Are you on a diet?
¿Está embarazada? _____	Are you pregnant?
¿Está vacunado/a contra el tétanos? _	Have you had a tetanus injection?

The diagnosis

➤

No es nada grave _____	It's nothing serious
Se ha fracturado el/la... _____	Your...is broken
Se ha contusionado el/la... _____	You've got a/some bruised...
Se ha desgarrado el/la... _____	You've got (a) torn...
Tiene una inflamación _____	You've got an inflammation
Tiene apendicitis_____	You've got appendicitis
Tiene bronquitis _____	You've got bronchitis
Tiene una enfermedad venérea _____	You've got a venereal disease
Tiene gripe _____	You've got the flu
Ha tenido un ataque al corazón _____	You've had a heart attack

Tiene una infección virósica/_____
  bacteriana
	You've got an infection (viral...,
	  bacterial...)

Tiene una úlcera _____	You've got an ulcer
Se ha distendido un músculo_____	You've pulled a muscle
Tiene una infección vaginal_____	You've got a vaginal infection
Tiene una intoxicación alimenticia ___	You've got food poisoning
Tiene una insolación _____	You've got sunstroke
Es alérgico a..._____	You're allergic to...
Está embarazada _____	You're pregnant

Is it contagious? _____	¿Es contagioso?
	ehs kohntah<u>h</u>yohsoh?
How long do I have to _____ stay...?	¿Hasta cuándo tengo que...?
	ahstah kwahndoh tehngoh keh...?
– in bed _____	¿Hasta cuándo tengo que guardar cama?
	ahstah kwahndoh tehngoh keh gwahrdahr kahmah?
– in hospital _____	¿Hasta cuándo tengo que quedarme en el hospital?
	ahstah kwahndoh tehngoh keh kehdahrmeh ehn ehl ohspeetahl?
Do I have to go on _____ a special diet?	¿Tengo que seguir alguna dieta?
	tehngoh keh sehgheer ahlgoonah dyehtah?
Am I allowed to travel? _____	¿Puedo viajar?
	pwehdoh byah<u>h</u>ahr?
Can I make a new _____ appointment?	¿Puedo volver a pedir hora?
	pwehdoh bohlbehr ah pehdeer ohrah?
When do I have to _____ come back?	¿Cuándo tengo que volver?
	kwahndoh tehngoh keh bohlbehr?
I'll come back _____ tomorrow	Vuelvo mañana
	bwehlboh mahnyahnah

▶
Vuelva mañana/dentro de...días _____   Come back tomorrow/in...days' time

13.4 Medication and prescriptions

How do I take this_____ medicine?

¿Cómo se toman estos medicamentos?
kohmoh seh tohmahn ehstohs mehdeekahmehntohs?

How many capsules/_____ drops/injections/ spoonfuls/tablets each time?

¿Cuántas cápsulas/gotas/inyecciones/ cucharadas/tabletas por vez?
kwahntahs kahpsoolahs/gohtahs/eenyehkthyohnehs/ koochahrahdahs pohr behth?

►

Voy a recetarle unos antibióticos/un __ jarabe/un calmante/ unos analgésicos	I'm prescribing antibiotics/a mixture/a tranquillizer/pain killers
Tiene que guardar reposo _____	Have lots of rest
No tiene que salir a la calle_____	Stay indoors
Tiene que guardar cama _____	Stay in bed

---

antes de cada comida
  before meals
cápsulas capsules
diluir en agua
  dissolve in water
gotas drops
cada...horas every...hours
seguir la cura hasta el final finish the course
durante...días
  for...days

inyecciones injections
para uso externo exclusivamente
  not for internal use
ungüento ointment
aplicar/embadurnar
  rub on
cucharadas (soperas/ cucharaditas) spoonfuls (tablespoons/tea-spoons)

tragar entero
  swallow whole
tabletas tablets
tomar/ingerir take
estos medicamentos afectan la capacidad de conducir this medication impairs your driving
...vez/veces cada 24 horas ...times a day

How many times a day? _____	¿Cuántas veces al día? _kwahntahs behthehs ahl deeah?_
I've forgotten my _____ medication. At home I take...	Se me ha olvidado traer los medicamentos. En casa tomo... _seh meh ah olbeedahdoh trahehr lohs mehdeekahmehntohs. ehn kahsah tohmoh..._
Could you make out a _____ prescription for me?	¿Podría hacerme una receta? _pohdreeah ahthehrmeh oonah rehthehtah?_

13.5 At the dentist's

Do you know a good _____ dentist?	¿Me podría recomendar un buen dentista? _meh pohdreeah rehkohmehndahr oon bwehn dehnteestah?_
Could you make a_____ dentist's appointment for me? It's urgent	¿Me podría pedir hora con el dentista? Es urgente _meh pohdreeah pehdeer ohrah kohn ehl dehnteestah? ehs oorhehnteh_
Can I come in today, _____ please?	¿Me podría atender hoy mismo? _meh pohdreeah ahtehndehr oy meesmoh?_
I have (terrible) _____ toothache	Tengo (un terrible) dolor de muelas _tehngoh (oon tehrreebleh) dohlohr deh mwehlahs_
Could you prescribe/ _____ give me a painkiller?	¿Me podría recetar/dar un analgésico? _meh pohdreeah rehthehtahr/dahr oon ahnahlhehseekoh?_
A piece of my tooth _____ has broken off	Se me ha caído un pedazo de un diente _seh meh ah kaheedoh oon pehdahthoh deh oon dyehnteh_

My filling's come out _____
Se me ha salido un empaste
seh meh ah sahleedoh oon ehmpahsteh

I've got a broken crown _____
Se me ha roto la corona
seh meh ah rohtoh lah kohrohnah

I'd like/I don't want a _____
local anaesthetic
Quisiera que/no quiero que me ponga
anestesia local
*keesyehrah keh/noh kyehroh keh meh
pohngah ahnehstehsyah lohkahl*

Can you do a makeshift _____
repair job?
¿Me podría hacer un arreglo
provisional?
*meh pohdreeah ahtehr oon ahrrehgloh
prohbeesyohnahl?*

I don't want this tooth _____
pulled
No quiero que me extraiga esta muela
*noh kyehroh keh meh ehxtraygah ehstah
mwehlah*

►

¿Qué diente/muela le duele? _____	Which tooth hurts?
Tiene un absceso _____	You've got an abscess
Tengo que tratarle el nervio _____	I'll have to do a root canal
Voy a ponerle anestesia local _____	I'm giving you a local anaesthetic
Tengo que empastarle/extraerle/ _____ pulirle este/esta...	I'll have to fill/pull this tooth/file this...down
Tengo que usar el torno _____	I'll have to drill
Abra la boca _____	Open wide, please
Cierre la boca _____	Close your mouth, please
Enjuáguese _____	Rinse, please

In trouble

14.1 Asking for help

Help! _____	¡Socorro! *sohkohrroh!*
Fire! _____	¡Fuego! *fwehgoh!*
Police! _____	¡Policía! *pohleetheeah!*
Quick! _____	¡Rápido! *rahpeedoh!*
Danger! _____	¡Peligro! *pehleegroh!*
Watch out! _____	¡Cuidado! *kweedahdoh!*
Stop! _____	¡Alto! *ahltoh!*
Be careful! _____	¡Cuidado! *kweedahdoh!*
Don't! _____	¡No, no! *noh, noh!*
Let go! _____	¡Suelte! *swehlteh!*
Stop that thief! _____	¡Al ladrón! *ahl lahdrohn!*
Could you help me, _____ please?	¿Podría ayudarme, por favor? *pohdreeah ahyoodahrmeh, pohr fahbohr?*

Where's the police station/_____ emergency exit/fire escape?	¿Dónde está la comisaría/la salida de emergencia/la escalera de incendios? *dohndeh ehstah lah kohmeesahreeah/lah sahleedah deh ehmehrhehnthyah/lah ehskahlehrah deh eenthehndyohs?*
Where's the nearest fire _____ extinguisher?	¿Dónde hay un extintor? *dohndeh ay oon ehxteentohr?*
Call the fire brigade! _____	¡Llamen a los bomberos! *lyahmehn ah lohs bohmbehrohs!*
Call the police! _____	¡Llamen a la policía! *lyahmehn ah lah pohleetheeah!*
Call an ambulance! _____	¡Llamen a una ambulancia! *lyahmehn ah oonah ahmboolahnthyah!*
Where's the nearest _____ phone?	¿Dónde hay un teléfono? *dohndeh ay oon tehlehfohnoh?*
Could I use your phone? _____	¿Podría llamar por teléfono? *pohdreeah lyahmahr pohr tehlehfohnoh?*
What's the emergency _____ number?	¿Cuál es el número de urgencias? *kwahl ehs ehl noomehroh deh oorhehnthyahs?*
What's the number for _____ the police?	¿Cuál es el número de la policía? *kwahl ehs ehl noomehroh deh lah pohleetheeah?*

14.2 Loss

I've lost my purse/ _____ wallet	Se me ha perdido el monedero/la cartera *seh meh ah pehrdeedoh ehl mohnehdehroh/lah kahrtehrah*

I left my...behind _____ yesterday	Ayer me dejé el/la... *ahyehr meh deh<u>h</u>eh ehl/lah...*
I left my...here _____	Me he dejado el/la...aquí *meh eh deh<u>h</u>ahdoh ehl/lah...ahkee*
Did you find my...? _____	¿Han encontrado mi...? *ahn ehnkohntrahdoh mee...?*
It was right here _____	Estaba aquí *ehstahbah ahkee*
It's quite valuable _____	Es muy valioso *ehs mwee bahlyohsoh*
Where's the lost _____ property office?	¿Dónde está la oficina de objetos perdidos? *dohndeh ehstah lah ohfeetheenah deh ohb<u>h</u>ehtohs pehrdeedohs?*

14.3 Accidents

There's been an_____ accident	Ha habido un accidente *ah ahbeedoh oon ahktheedehnteh*
Someone's fallen into _____ the water	Se ha caído alguien al agua *seh ah kaheedoh ahlgyehn ahl ahgwah*
There's a fire _____	Hay un incendio *ay oon eenthehndyoh*
Is anyone hurt? _____	¿Hay algún herido? *ay ahlgoon ehreedoh?*
Some people have _____ been/no one's been injured	(No) hay heridos *(noh) ay ehreedohs*

14 In trouble

There's someone in _____ the car/train still	Todavía queda alguien en el coche/tren *tohdahbeeah kehdah ahlgyehn ehn ehl kohcheh/trehn*
It's not too bad. Don't _____ worry	No es grave. No se preocupe *noh ehs grahbeh. noh seh prehohkoopeh*
Leave everything the _____ way it is, please	No toque nada *noh tohkeh nahdah*
I want to talk to the _____ police first	Primero quisiera hablar con la policía *preemehroh keesyehrah ahblahr kohn lah pohleetheeah*
I want to take a _____ photo first	Primero quisiera sacar una foto *preemehroh keesyehrah sahkahr oonah fohtoh*
Here's my name _____ and address	Aquí tiene mi nombre y dirección *ahkee tyehneh mee nohmbreh ee deerehkthyohn*
Could I have your _____ name and address?	¿Me da su nombre y dirección? *meh dah soo nohmbreh ee deerehkthyohn?*
Could I see some _____ identification/your insurance papers?	¿Me permite su carnet de identidad/sus papeles del seguro? *meh pehrmeeteh soo kahrneh deh eedehnteedahdh/soos pahpehlehs dehl sehgooroh?*
Will you act as a _____ witness?	¿Le importaría hacer de testigo? *leh eempohrtahreeah ahthehr deh tehsteegoh?*
I need the details for _____ the insurance	Necesito los datos para el seguro *nehthehseetoh lohs dahtohs pahrah ehl sehgooroh*

Are you insured?_____	¿Está asegurado? _ehstah ahsehgoorahdoh?_
Third party or_____ comprehensive?	¿Responsabilidad civil o contra todo riesgo? _rehspohnsahbeeleedahdh theebeel oh kohntrah tohdoh ryehsgoh?_
Could you sign here, _____ please?	Firme aquí, por favor _feermeh ahkee, pohr fahbohr_

14.4 Theft

I've been robbed_____	Me han robado _meh ahn rohbahdoh_
My...has been stolen _____	Me han robado el/la... _meh ahn rohbahdoh ehl/lah..._
My car's been_____ broken into	Me han abierto el coche _meh ahn ahbyehrtoh ehl kohcheh_

14.5 Missing person

I've lost my child/_____ grandmother	Se ha perdido mi hijo/mi hija/mi abuela _seh ah pehrdeedoh mee eehoh/mee eehah/mee ahbwehlah_
Could you help me_____ find him/her?	¿Podría ayudarme a buscarlo/la? _pohdreeah ahyoodahrmeh ah booskahrloh/lah?_

Have you seen a _____ small child?	¿Ha visto a un niño pequeño/a una niña pequeña? *ah veestoh ah oon neenyoh pehkehnyoh/ah oonah neenyah pehkehnyah?*
He's/she's...years old _____	Tiene...años *tyehneh...ahnyohs*
He's/she's got _____ short/long/blond/red/ brown/black/ grey/curly/straight/frizzy hair	Tiene el pelo corto/largo/rubio/rojo/castaño/negro/ canoso/rizado/liso/crespo *tyehneh ehl pehloh kohrtoh/lahrgoh/roobyoh/kahstahnyoh/neh groh/kahnohsoh/reethahdoh/leesoh/ krehspoh*
with a ponytail_____	con cola de caballo *kohn kohlah deh kahbahlyoh*
with plaits _____	con trenzas *kohn trehnthahs*
in a bun _____	con moño *kohn mohnyoh*
He's/she's got_____ blue/brown/green eyes	Tiene ojos azules/marrones/verdes *tyehneh ohhohs ahthoolehs/mahrrohnehs/behrdehs*
He's wearing swimming _____ trunks/mountaineering boots	Lleva bañador/botas de montaña *lyehbah bahnyahdohr/bohtahs deh mohntahnyah*
with/without glasses/_____ a bag	con/sin gafas/bolso *kohn/seen gahfahs/bohlsoh*
tall/short _____	alto/bajito *ahltoh/bahheetoh*

This is a photo of _____ him/her	Esta es su foto *ehstah ehs soo fohtoh*
He/she must be lost _____	Seguramente se habrá perdido *sehgoorahmehnteh seh ahbrah pehrdeedoh*

14.6 The police

An arrest

Los papeles del coche, por favor _____	Your registration papers, please
Conducía demasiado rápido _____	You were speeding
Tiene mal aparcado el coche_____	You're not allowed to park here
No ha puesto monedas en el _____ parquímetro	You haven't put money in the meter
No le funcionan los faros_____	Your lights aren't working
Le vamos a poner una multa de..._____ euros	That's a...euros fine
¿Va a pagar la multa en el acto? _____	Do you want to pay on the spot?
Tiene que pagar en el acto_____	You'll have to pay on the spot

I don't speak Spanish _____	No hablo español *noh ahbloh ehspahnyohl*
I didn't see the sign _____	No he visto el cartel *noh eh beestoh ehl kahrtehl*
I don't understand _____ what it says	No entiendo lo que dice *noh ehntyehndoh loh keh deetheh*

14 In trouble

I was only doing... _____
kilometres an hour

Sólo iba a...kilómetros por hora
*sohloh eebah ah...keelohmehtrohs pohr
ohrah*

I'll have my car checked _____

Haré revisar el coche
ahreh rehbeesahr ehl kohcheh

I was blinded by _____
oncoming lights

Me cegó un coche que venía de frente
*meh thehgoh oon kohcheh keh behneeah
deh frehnteh*

At the police station

I want to report a _____
collision/missing person/rape

Vengo a hacer la denuncia de un
choque/un extravío/una violación
*behngoh ah ahtehr lah dehnoonthyah deh
oon chohkeh/oon ehxtrahbeeoh/oonah
beeohlahthyohn*

►

¿Dónde ha sido? _____	Where did it happen?
¿Qué se le ha perdido? _____	What's missing?
¿Qué le han robado? _____	What's been taken?
¿Me permite su documento de _____ identidad?	Could I see some identification?
¿A qué hora ocurrió? _____	What time did it happen?
¿Quiénes estuvieron implicados? _____	Who was involved?
¿Hay testigos? _____	Are there any witnesses?
Rellene este formulario _____	Fill this out, please
Firme aquí, por favor _____	Sign here, please
¿Quiere un intérprete? _____	Do you want an interpreter?

Could you make out_____ a report, please?	¿Podría hacer un atestado? *pohdreeah ahthehr oon ahtehstahdoh?*
Could I have a copy _____ for the insurance?	¿Me podría dar una copia para el seguro? *meh pohdreeah dahr oonah kohpyah pahrah ehl sehgooroh?*
I've lost everything_____	He perdido todo *eh pehrdeedoh tohdoh*
I'd like an interpreter _____	Quisiera un intérprete *keesyehrah oon eentehrprehteh*
I'm innocent _____	Soy inocente *soy eenohthehnteh*
I don't know anything _____ about it	No sé nada *noh seh nahdah*
I want to speak to _____ someone...	Quisiera hablar con alguien de... *keesyehrah ahblahr kohn ahlgyehn deh...*
from the British _____ consulate	Quisiera hablar con alguien del Consulado Británico *keesyehrah ahblahr kohn ahlgyehn dehl kohnsoolahdoh breetahneekoh*
I need to see someone _____ from the British embassy	Quisiera hablar con alguien de la Embajada Británica *keesyehrah ahblahr kohn ahlgyehn deh lah ehmbahhahdah breetahneekah*
I want a lawyer who_____ speaks English	Quisiera un abogado que hable inglés *keesyehrah oon ahbohgahdoh keh ahbleh eenglehs*

15

Word list

Word list English – Spanish

● **This word list** is meant to supplement the previous chapters. Nouns are always accompanied by the Spanish definite article in order to indicate whether it is a masculine (el) or feminine (la) word. In a number of cases, words not contained in this list can be found elsewhere in this booklet, namely in the lists of the parts of the car and the bicycle, and the camping equipment. Many food terms can be found in the Spanish-English list in 4.7.

A

a little	un poco	*oon pohkoh*
above (up)	arriba	*ahrreebah*
abroad	el extranjero	*ehl ehxtrahnhehroh*
accident	el accidente	*ehl ahktheedehnteh*
adder	la víbora	*la veebohrah*
addition	la suma	*lah soomah*
address	la dirección	*lah deerehkthyohn*
admission	la entrada	*lah ehntrahdah*
admission price	el precio de entrada	*ehl prehthyoh deh lah ehntrahdah*
admission ticket	la entrada	*lah ehntrahdah*
advice	el consejo	*ehl kohnsehhoh*
after	después de	*dehspwehs deh*
afternoon (in the)	(por) la tarde	*(pohr) lah tahrdeh*
aftershave	la loción para después del afeitado	*lah lohthyohn pahrah dehspwehs dehl ahfehytahdoh*
again	de nuevo	*deh nwehboh*
against	contra	*kohntrah*
age	la edad	*lah ehdahdh*
Aids	el Sida	*ehl seedah*

air conditioning	el aire acondicionado	ehl ayreh ahkohndeethyohnahdoh
air mattress	el colchón neumático	ehl kohlchohn nehoomahteekoh
air sickness bag	bolsita para el mareo	bohlseetah pahrah ehl mahrehoh
aircraft	el avión	ehl ahbyohn
airport	el aeropuerto	ehl ahehrohpwehrtoh
alarm	la alarma	lah ahlahrmah
alarm clock	el despertador	ehl dehspehrtahdohr
alcohol	el alcohol	ehl ahlkohohl
all the time	cada vez	kahdah behth
allergic	alérgico	ahlehr<u>h</u>eekoh
alone	solo	sohloh
always	siempre	syehmpreh
ambulance	la ambulancia	lah ahmboolahnthyah
amount	el importe	ehl eempohrteh
amusement park	el parque de atracciones	ehl pahrkeh deh ahtrahkthyohnehs
anaesthetize	anestesiar	ahnehstehsyahr
anchovy	la anchoa	lah ahnchohah
angry	enfadado	ehnfahdahdoh
animal	el animal	ehl ahneemahl
ankle	el tobillo	ehl tohbeelyoh
answer	la respuesta	lah rehspwehstah
ant	la hormiga	lah ohrmeegah
antibiotics	los antibióticos	lohs ahnteebyohteekohs
antifreeze	el anticongelante	ehl ahnteekohn<u>h</u>ehlahnteh
antique	antiguo	ahnteegwoh
antiques	las antigüedades	lahs ahnteegwehdahdehs
anus	el ano	ehl ahnoh
apartment	el apartamento	ehl ahpahrtahmehntoh
aperitif	el aperitivo	ehl ahpehreeteeboh

apologies	las disculpas	*lahs deeskoolpahs*
apple	la manzana	*lah mahnthahnah*
apple juice	el zumo de manzana	*ehl thoomoh deh mahnthahnah*
apple pie	la tarta de manzana	*lah tahrtah deh mahnthahnah*
apple sauce	el puré de manzanas	*ehl pooreh deh mahnthahnahs*
appointment	la hora	*lah ohrah*
approximately	más o menos	*mahs oh mehnohs*
April	abril	*ahbreel*
archbishop	el arzobispo	*ehl ahrthohbeespoh*
architecture	la arquitectura	*lah ahrkeetehktoorah*
area	los alrededores	*lohs ahlrehdehdohrehs*
arm	el brazo	*ehl brahthoh*
arrange to meet	quedar	*kehdahr*
arrive	llegar	*lyehgahr*
arrow	la flecha	*lah flehchah*
art	el arte	*ehl ahrteh*
artery	la arteria	*lah ahrtehryah*
artichokes	las alcachofas	*lahs ahlkahchohfahs*
article	el artículo	*ehl ahrteekooloh*
artificial respiration	la respiración artificial	*lah rehspeerahthyohn ahrteefeethyahl*
arts and crafts	la artesanía	*lah ahrtehsahneeah*
ashtray	el cenicero	*ehl thehneethehroh*
ask (a question)	preguntar	*prehgoontahr*
ask for	pedir	*pehdeer*
asparagus	los espárragos	*lohs ehspahrrahgohs*
aspirin	la aspirina	*lah ahspeereenah*
assault	la agresión	*lah ahgrehsyohn*
aubergine	la berenjena	*lah behrehnhehnah*
August	agosto	*ahgohstoh*

automatic	automático	*ahootohmahteekoh*
automatic car	el coche con cambio	*ehl kohcheh kohn*
	automático	*kahmbyoh ahootohmahteekoh*
autumn	el otoño	*ehl ohtohnyoh*
avalanche	el alud	*ehl ahloodh*
awake (adj.)	despierto	*dehspyehrtoh*
awning	el toldo	*ehl tohldoh*

B

baby	el bebé	*ehl behbeh*
baby food	la comida para bebés	*lah kohmeedah pahrah behbehs*
babysitter	la niñera	*lah neenyehrah*
back (at the)	atrás	*ahtrahs*
back	la espalda	*lah ehspahldah*
backpack	la mochila	*lah mohcheelah*
bacon	el tocino	*ehl tohtheenoh*
bad	mal, malo	*mahl, mahloh*
bag	la bolsa	*lah bohlsah*
baker	la panadería	*lah pahnahdehreeah*
balcony (theatre)	el palco (alto)	*ehl pahlkoh (ahltoh)*
balcony (to building)	el balcón	*ehl bahlkohn*
ball	la pelota	*lah pehlohtah*
ballet	el ballet	*ehl bahleh*
ballpoint pen	el bolígrafo	*ehl bohleegrahfoh*
banana	el plátano	*ehl plahtahnoh*
bandage	la gasa	*lah gahsah*
bank (river)	la orilla	*lah ohreelyah*
bank	el banco	*ehl bahnkoh*
bank card	la tarjeta del banco	*lah tahrhehtah dehl bahnkoh*
bar (café)	el bar	*ehl bahr*

Word list **15**

bar (drinks' cabinet)	la barra	*lah bahrrah*
bar	la barra	*lah bahrrah*
barbecue	la barbacoa	*lah bahrbahkohah*
basketball	el baloncesto	*ehl bahlohnthehstoh*
bath	el baño	*ehl bahnyoh*
bath attendant	el bañista	*ehl bahnyeeestah*
bath foam	el gel de baño	*ehl hehl deh bahnyoh*
bath towel	la toalla de baño	*lah tohahlyah deh bahnyoh*
bathing cap	el gorro de baño	*ehl gohrroh deh bahnyoh*
bathing cubicle	la caseta	*lah kahsehtah*
bathing suit	el bañador	*ehl bahnyahdohr*
bathroom	el cuarto de baño	*ehl kwahrtoh deh bahnyoh*
battery (car)	la batería	*lah bahtehreeah*
battery	la pila	*lah peelah*
beach	la playa	*lah plahyah*
beans	las judías blancas	*lahs hoodeeahs blahnkahs*
beautiful	bonito	*bohneetoh*
beauty parlour	el salón de belleza	*ehl sahlohn deh behlyehthah*
bed	la cama	*lah kahmah*
bee	la abeja	*lah ahbehhah*
beef	la carne de vaca	*lah kahrneh deh bahkah*
beer	la cerveza	*lah thehrbehthah*
beetroot	la remolacha	*lah rehmohlahchah*
begin	empezar	*ehmpehthahr*
beginner	el principiante	*ehl preentheepyahnteh*
behind	atrás	*ahtrahs*
Belgian (f)	la belga	*lah behlgah*
Belgian (m)	el belga	*ehl behlgah*
Belgium	Bélgica	*behlheekah*
bellboy	el mozo de cuerda	*ehl mohthoh deh kwehrdah*

belt	el cinturón	ehl theentoorohn
berth	la litera	lah leetehrah
better	mejor	meh<u>h</u>ohr
bicarb	el bicarbonato	ehl beekahrbohnahtoh
bicycle	la bicicleta	lah beetheeklehtah
bicycle pump	el inflador	ehl eenflahdohr
bicycle repairman	el mecánico de	ehl mehkahneekoh
	bicicletas	deh beetheeklehtahs
bikini	el bikini	ehl beekeenee
bill	la cuenta	lah kwehntah
billiards, to play	el juego de billar	ehl <u>h</u>wehgoh deh beelyahr
birthday (to have a)	cumplir años	koompleer ahnyohs
birthday	el cumpleaños	ehl koomplehahnyohs
biscuit	la galleta	lah gahlyehtah
bite	morder	mohrdehr
bitter	amargo	ahmahrgoh
black	negro	nehgroh
bland	soso	sohsoh
blanket	la manta	lah mahntah
bleach	teñir de rubio	tehnyeer deh roobyoh
blister	la ampolla	lah ahmpohlyah
blond	rubio	roobyoh
blood	la sangre	lah sahngreh
blood pressure	la tensión sanguínea	lah tehnsyohn sahngheenehah
blouse	la blusa	lah bloosah
blow dry	secar a mano	sehkahr ah mahnoh
blue	azul	ahthool
boat	el barco	ehl bahrkoh
body	el cuerpo	ehl kwehrpoh
body milk	la leche corporal	lah lehcheh kohrpohrahl

boiled	cocido	kohtheedoh
boiled ham	el jamón de York	ehl hahmohn deh yohrk
bonbon	el bombón	ehl bohmbohn
bone	el hueso	ehl wehsoh
bonnet	el capó	ehl kahpoh
book (verb)	reservar	rehsehrbahr
book	el libro	ehl leebroh
booked	reservado	rehsehrbahdoh
booking office	la taquilla	lah tahkeelyah
bookshop	la librería	lah leebrehreeah
border	la frontera	lah frohntehrah
bored (be)	aburrirse	ahboorreerseh
boring	aburrido	ahboorreedoh
born	nacido	nahtheedoh
botanical gardens	el jardín botánico	ehl hahrdeen bohtahneekoh
both	ambos/ambas	ahmbohs/ahmbahs
bottle (baby's)	el biberón	ehl beebehrohn
bottle	la botella	lah bohtehlyah
bottle-warmer	el calentador de	ehl kahlehntahdohr
	biberones	de beebehrohnehs
box (in theatre)	el palco	ehl pahlkoh
box	la caja	kahhah
boy	el chico	ehl cheekoh
bra	el sujetador	ehl soohehtahdohr
bracelet	la pulsera	lah poolsehrah
braised	estofado	ehstohfahdoh
brake	el freno	ehl frehnoh
brake fluid	el líquido de frenos	ehl leekeedoh deh frehnohs
bread	el pan	ehl pahn
bread roll	el panecillo	ehl pahnehtheelyoh

15 Word list

breakdown recovery	el auxilio en carretera	*ehl ahooxeelyoh ehn kahrrehtehrah*
break (limb)	fracturarse	*frahktoorahrseh*
breakfast	el desayuno	*ehl dehsahyoonoh*
breast	el pecho	*ehl pehchoh*
bridge	el puente	*ehl pwehnteh*
bring	llevar	*lyehbahr*
brochure	el folleto	*ehl fohlyehtoh*
broken	roto, estropeado	*rohtoh, ehstrohpehahdoh*
broth	el caldo	*ehl kahldoh*
brother	el hermano	*ehl ehrmahnoh*
brown	marrón	*mahrrohn*
bruise (verb)	contusionarse	*kohntoosyohnahrseh*
brush	el cepillo	*ehl thehpeelyoh*
Brussels sprouts	las coles de Bruselas	*lahs kohlehs deh broosehlahs*
bucket	el cubo	*ehl kooboh*
bug	el bicho	*ehl beechoh*
building	el edificio	*ehl ehdeefeethyoh*
bullfight	la corrida de toros	*lah kohrreedah deh tohrohs*
buoy	la boya	*lah boyah*
burglary	el robo en una casa	*ehl rohboh ehn oonah kahsah*
burn (verb)	quemar	*kehmahr*
burn	la quemadura	*lah kehmahdoorah*
burnt	quemado	*kehmahdoh*
bus	el autobús	*ehl ahootohboos*
bus station	la estación de autobuses	*lah ehstahthyohn deh ahootohboos*
bus stop	la parada de autobús	*lah pahrahdah deh ahootohboos*
business class	la clase preferente	*lah klahseh prehfehrehnteh*
business trip	el viaje de negocios	*ehl byahheh deh nehgohthyohs*
busy (crowded)	hay mucha gente	*ay moochah hehnteh*

butane camping gas	el gas butano	*ehl gahs bootahnoh*
butcher's	la carnicería	*lah kahrneethehreeah*
butter	la mantequilla	*lah mahntehkeelyah*
button	el botón	*ehl bohtohn*
buy	comprar	*kohmprahr*
by airmail	el correo aéreo/	*ehl kohrrehoh*
	vía aérea	*ahehrehoh/beeah ahehrehah*

C

cabbage	la col, la berza	*lah kohl, lah behrthah*
cabin	la cabaña	*lah kahbahnyah*
cake	el pastel	*ehl pahstehl*
cake shop	la pastelería, la	*lah pahstehlehreeah,*
	confitería	*lah kohnfeetehreeah*
call (by phone)	llamar por teléfono	*lyahmahr pohr tehlehfohnoh*
called, to be	llamarse	*lyahmahrseh*
camera	la máquina	*lah mahkeenah*
	fotográfica	*fohtohgrahfeekah*
camp	acampar	*ahkahmpahr*
camp shop	la tienda del camping	*lah tyehndah dehl kahmpeen*
camp site	el camping	*ehl kahmpeen*
camper van	el autocaravana	*ehl ahootohkahrah-bahnah*
campfire	la fogata	*lah fohgahtah*
camping guide	la guía de camping	*lah gheeah deh kahmpeen*
camping permit	el permiso de	*ehl pehrmeesoh deh*
	acampar	*ahkahmpahr*
canal boat	el barco de excursión	*ehl bahrkoh deh ehxkoorsyohn*
cancel	cancelar	*kahnthehlahr*
candle	la vela	*lah behlah*
canoe	la piragua	*lah peerahgwah*

canoeing	el piragüismo	*ehl peerahgweesmoh*
cap (hat)	el gorro	*ehl gohrroh*
car	el coche	*ehl kohcheh*
car deck	la bodega para coches	*lah bohdehgah pahrah kohchehs*
car documents	los papeles del coche	*lohs pahpehlehs dehl kohcheh*
car registration	el permiso de circulación	*ehl pehrmeesoh deh theerkoolahthyoh*
car trouble	la avería	*lah ahbehreeah*
carafe	la jarra	*lah hahrrah*
caravan	la caravana	*lah kahrahbahnah*
cardigan	el chaleco	*ehl chahlehkoh*
careful	con cuidado	*kohn kweedahdoh*
carrot	la zanahoria	*lah thahnahohryah*
carton	el cartón	*ehl kahrtohn*
cartridge	el carrete de cassette	*ehl kahrrehteh deh kahseht*
cascade	la cascada	*lah kahskahdah*
cash desk	la caja	*lah kahhah*
casino	el casino	*ehl kahseenoh*
cassette	la cassette	*lah kahseht*
castle	el castillo	*ehl kahsteelyoh*
cat	el gato	*ehl gahtoh*
catalogue	el catálogo	*ehl kahtahlohgoh*
cathedral	la catedral	*lah kahtehdrahl*
cauliflower	la coliflor	*lah kohleeflohr*
cave	la gruta	*lah grootah*
CD	el compact disc	*ehl kohmpahkt deesk*
celebrate	celebrar una fiesta	*thehlehbrahr oonah fyehsta*
cellotape	la celo	*lah thehloh*
cemetery	el cementerio	*ehl thehmehntehryoh*

centimetre	centímetro(s)	*thehnteemehtroh(s)*
central heating	la calefacción central	*lah kahlehfakthyohn thehntrahl*
centre (in the)	en el centro/medio	*ehn ehl thehntroh/mehdyoh*
centre	el centro	*ehl thehntroh*
chair	la silla	*lah seelyah*
chambermaid	la camarera	*lah kahmahrehrah*
chamois	la gamuza	*lah gahmoothah*
champagne	el champán/el cava	*ehl chahmpahn/ehl kahbah*
change (from paying)	la vuelta	*lah bwehltah*
change (train/plane etc.)	hacer trasbordo	*ahtehr trahsbohrdoh*
change (verb)	cambiar	*kahmbyahr*
change the baby's nappy	cambiar los pañales	*kahmbyahr lohs pahnyahlehs*
change the oil	cambiar el aceite	*kahmbyahr ehl ahtheyteh*
chapel	la capilla	*lah kahpeelyah*
charter flight	el vuelo chárter	*ehl bwehloh chahrtehr*
chat up	ligar	*leegahr*
check (verb)	controlar	*kohntrohlahr*
check in	facturar	*frahktoorahr*
cheers	salud	*sahloodh*
cheese (tasty, mild)	el queso (añejo, blando)	*ehl kehsoh (ahnye<u>h</u>hoh,blahndoh)*
chef	el jefe	*ehl <u>h</u>ehfeh*
chemist	la droguería	*lah drohguehreeah*
cheque	el cheque	*ehl chehkeh*
cherries	las cerezas	*lahs thehrehthahs*
chess (play)	jugar al ajedrez	*<u>h</u>oogahr ahl a<u>h</u>ehdreth*
chewing gum	el chicle	*ehl cheekleh*
chicken	el pollo	*ehl pohlyoh*
chicory	las endivias	*lahs ehndeebyahs*
child	el hijo, el niño	*ehl ee<u>h</u>oh, ehl neenyoh*

191

child seat	el asiento para niños	*ehl ahsyehntoh pahrah neenyohs*
child's seat	el sillín para niños	*ehl seelyeen pahrah neenyohs*
chilled	refrigerado	*rehfree<u>h</u>ehrahdoh*
chin	la barbilla	*lah bahrbeelyah*
chips/crisps	las patatas fritas	*lahs pahtahtahs freetahs*
chocolate	el chocolate	*ehl chohkohlahteh*
choose	elegir/escoger	*ehleh<u>h</u>eer/ehskoh<u>h</u>ehr*
chop	la chuleta	*la choolehtah*
christian name	el nombre	*ehl nohmbreh*
church	la iglesia	*lah eeglehsyah*
church service	el servicio religioso	*ehl sehrbeethyoh rehlee<u>h</u>yohsoh*
cigar	el puro	*ehl pooroh*
cigar shop	el estanco	*ehl ehstahnkoh*
cigarette	el cigarrillo	*ehl theegahrreelyoh*
cigarette paper	el papel de fumar	*ehl pahpehl deh foomahr*
cine camera	la filmadora	*lah feelmahdohrah*
circle	el círculo	*ehl theerkooloh*
circus	el circo	*ehl theerkoh*
city map	el plano	*ehl plahnoh*
classic/classical	clásica	*klahseekah*
clean (adj.)	limpio	*leempyoh*
clean (verb)	limpiar	*leempyahr*
clear (adj.)	claro	*klahroh*
clearance	la liquidación	*lah leekeedahthyohn*
closed	cerrado	*thehrrahdoh*
closed off	(la carretera) cerrada	*(lah kahrrehtehrah) thehrrahdah*
clothes	la ropa	*lah rohpah*
clothes hanger	la percha	*lah pehrchah*
clothes peg	la pinza para la ropa	*lah peenthah pahrah lah rohpah*
coat	el abrigo	*ehl ahbreegoh*

cockroach	la cucaracha	*lah kookahrahchah*
cod	el bacalao (fresco)	*ehl bahkahlahoh (frehskoh)*
coffee	el café	*ehl kahfeh*
coffee creamer	la crema para el café	*lah krehmah pahrah ehl kahfeh*
coffee filter	el filtro de café	*ehl feeltroh deh kahfeh*
cognac	el coñac	*ehl kohnyah*
cold	frío	*freeoh*
cold	el constipado	*ehl kohnsteepahdoh*
cold cuts	los fiambres	*lohs fyahmbrehs*
collarbone	la clavícula	*lah klahbeekoolah*
colleague	el/la colega	*ehl/lah kohlehgah*
collision	el choque	*ehl chohkeh*
cologne	el agua de tocador	*ehl ahgwah deh tohkahdohr*
colour	el color	*ehl kohlohr*
colour TV	el televisor color	*ehl tehlehbeesohr kohlohr*
coloured pencils	los lápices de colores	*lohs lahpeethehs deh kohlohrehs*
colouring book	el libro para colorear	*ehl leebroh pahrah kohlohrehahr*
comb	el peine	*ehl peheeneh*
come	venir	*behneer*
compartment	el compartimiento	*ehl kohmpahrteemyehnto*
complaint (medical)	la molestia	*lah mohlehstyah*
complaint	la queja	*lah keh**h**ah*
complaints book	el libro de reclamaciones	*ehl leebroh deh rehklahmahthyohnehs*
completely	del todo	*dehl tohdoh*
compliment	el cumplido	*ehl koompleedoh*
compulsory	obligatorio	*ohbleegahtohryoh*
concert	el concierto	*ehl kohnthyehrtoh*
concert hall	la sala de conciertos	*lah sahlah deh kohnthyehrtohs*

15 Word list

concussion	la conmoción cerebral	*lah kohnmohthyohn thehrehbrahl*
condiments	los condimentos	*lohs kohndeemehntohs*
condom	el condón	*ehl kohndohn*
congratulate	felicitar	*fehleetheetahr*
connection	el enlace	*ehl ehnlahtheh*
constipation	el estreñimiento	*ehl ehstrehnyeemyehntoh*
consulate	el consulado	*ehl kohnsoolahdoh*
consultation	la consulta	*lah kohnsooltah*
contact lens	la lentilla	*lah lehnteelyah*
contact lens solution	el líquido para las lentillas	*ehl leekeedoh pahrah lahs lehnteelyahs*
contagious	contagioso	*kohntah<u>h</u>yohsoh*
contest	el concurso	*ehl kohnkoorsoh*
contraceptive	el anticonceptivo	*ehl ahnteekohn-thehpteeboh*
contraceptive pill	la píldora anticonceptiva	*ah peeldohrah lahnteekohnthehpteebah*
convent	el convento	*ehl kohnbehntoh*
cook (verb)	cocinar	*kohtheenahr*
cook	el cocinero	*ehl kohtheenehroh*
copper	el cobre	*ehl kohbreh*
copy	la copia	*lah kohpyah*
corkscrew	el sacacorchos	*ehl sahkahkohrchohs*
corn flour	la maicena	*lah maythehnah*
corner	el rincón	*ehl reenkohn*
correct	correcto	*kohrrehktoh*
correspond	cartearse	*kahrtehahrseh*
corridor	el pasillo	*ehl pahseelyoh*
costume	el traje	*ehl trah<u>h</u>eh*
cot	la cuna	*lah koonah*

cotton	el algodón	*ehl ahlgohdohn*
cotton wool	el algodón	*ehl ahlgohdohn*
cough	la tos	*lah tohs*
cough mixture	el jarabe para la tos	*ehl <u>h</u>ahrahbeh pahrah lah tohs*
counter	el mostrador	*ehl mohstrahdohr*
country	el país	*ehl pahees*
country code	el indicativo del país	*ehl eendeekahteeboh dehl pahees*
country(side)	el campo	*ehl kahmpoh*
courgette	el calabacín	*ehl kahlahbahtheen*
course (of treatment)	la cura	*lah koorah*
cousin (f)	la prima	*lah preemah*
cousin (m)	el primo	*ehl preemoh*
crab	el cangrejo	*ehl kahngre<u>h</u>oh*
cream	la crema, la nata	*lah krehmah, lah nahtah*
credit card	la tarjeta de crédito	*lah tahr<u>h</u>ehtah deh krehdeetoh*
crisps/chips	las patatas fritas	*lahs pahtahtahs freetahs*
croissant	el croissant	*ehl krwahsahn*
cross the road	cruzar la calle	*kroothahr lah kahlyeh*
cross-country run	la pista de esquí de fondo	*lah peestah deh ehskee deh fohndoh*
cross-country skiing	el esquí de fondo	*ehl ehskee deh fohndoh*
cross-country skis	los esquís de fondo	*lohs ehskees deh fohndoh*
crossing (journey)	la travesía	*lah trahbehseeah*
cry (verb)	llorar	*lyohrahr*
cubic metre(s)	metro(s) cúbico(s)	*mehtroh(s) koobeekoh(s)*
cucumber	el pepino	*ehl pehpeeno*
cuddly toy	el animal de peluche	*ehl ahneemahl deh pehloocheh*
cuff links	los gemelos	*lohs <u>h</u>ehmehlohs*
culottes	la falda-pantalón	*lah fahldah pahntahlohn*
cup	la taza	*lah tahthah*

curly	rizado	*reethahdoh*
current	la corriente	*lah kohrryehnteh*
cushion	el cojín	*ehl cohheen*
custard	las natillas	*lahs nahteelyahs*
customary	habitual	*ahbeetwahl*
customs	la aduana	*lah ahdwahna*
customs check	el control de aduanas	*ehl kohntrohl deh ahdwahnahs*
cut (verb)	cortar	*kohrtahr*
cutlery	los cubiertos	*lohs koobyehrtohs*
cycling	montar en bicicleta	*mohntahr ehn beetheeklehtah*

D

dairy products	los productos lácteos	*lohs prodooktohs lahktehohs*
damaged	dañado, estropeado	*dahnyahdoh, ehstrohpehahdoh*
dance	bailar	*bahylahr*
dandruff	la caspa	*lah kahspah*
danger	el peligro	*ehl pehleegroh*
dangerous	peligroso	*pehleegrohsoh*
dark	oscuro	*ohskooroh*
date	la cita	*lah theetah*
daughter	la hija	*lah eehah*
day	el día, las 24 horas	*ehl deeah, lahs beheenteekwahtroh ohrah*
day before yesterday	anteayer	*ahntehahyehr*
dead	muerto	*mwehrtoh*
decaffeinated	sin cafeína	*seen kahfeheenah*
December	diciembre	*deethyehmbreh*
deck chair	el sillón de playa	*ehl seelyohn deh plahyah*
declare (customs)	declarar	*dehklahrahr*
deep	hondo	*ohndoh*

deep sea diving	el buceo	*ehl boothehoh*
degrees	los grados	*lohs grahdohs*
delay	el retraso	*ehl rehtrahsoh*
delicious	delicioso	*dehleethyohsoh*
dentist	el dentista	*ehl dehnteestah*
dentures	la dentadura postiza	*lah dehntahdoorah pohsteethah*
deodorant	el desodorante	*ehl dehsohdohrahnteh*
department	la sección	*lah sehkthyohn*
department stores	los grandes almacenes	*lohs grahndehs ahlmahthehnehs*
departure	la partida	*lah pahrteedah*
departure time	la hora de salida	*lah ohrah deh sahleedah*
depilatory cream	la crema depilatoria	*lah krehmah dehpeelahtohryah*
deposit (in)	en consigna	*ehn kohnseegnah*
deposit	la fianza	*lah fyahnzah*
dessert	el postre	*ehl pohstreh*
destination	el destino, el punto final	*ehl dehsteenoh, ehl poontoh feenahl*
develop (photos)	revelar	*rehbehlahr*
diabetic	el diabético	*ehl dyahbehteekoh*
dial (verb)	marcar	*mahrkahr*
diamond	el diamante	*ehl deeahmahnteh*
diarrhoea	la diarrea	*lah deeahrrehah*
dictionary	el diccionario	*ehl deekthyohnahryoh*
diesel	el gasóleo	*ehl gahsohlehoh*
diet	la dieta	*lah dyehtah*
difficulty	la dificultad	*lah deefeekooltahd*
dining room	el comedor	*ehl kohmehdohr*
dining/buffet car	el coche restaurante	*ehl kohcheh rehstahoorahnteh*
dinner (to have)	cenar	*thehnahr*

dinner	la cena, la comida	*lah thehnah, lah kohmeedah*
dinner jacket	el smoking	*ehl smohkeen*
direction	la dirección	*lah deerehkthyohn*
directly	directo	*deerehktoh*
dirty	sucio	*soothyoh*
disabled person	el minusválido	*ehl meenoosbahleedoh*
disappearance	la desaparición	*lah dehsahpahree-thyohn*
disco	la discoteca	*lah deeskohtehkah*
discount	el descuento	*ehl dehskwehntoh*
dish	el plato	*ehl plahtoh*
dish of the day	el plato del día	*ehl plahtoh dehl deeah*
disinfectant	el desinfectante	*ehl dehseen-fehktahnteh*
distance	la distancia	*lah deestahnthyah*
distilled water	el agua destilada	*ehl ahgwah dehsteelahdah*
disturb	molestar	*mohlehstahr*
disturbance	el fallo	*ehl fahlyoh*
dive (verb)	bucear	*boothehahr*
diving	el buceo	*ehl boothehoh*
diving board	el trampolín	*ehl trahmpohleen*
diving gear	el equipo de buzo	*ehl ehkeepoh deh boothoh*
divorced	divorciado	*deebohrthyahdoh*
DIY-shop	la tienda de artículos de bricolaje	*lah tyehndah deh ahrteekoolohs deh breekohlaheh*
dizzy	mareado	*mahrehahdoh*
do (verb)	hacer	*ahthehr*
doctor	el médico	*ehl mehdeekoh*
dog	el perro	*ehl pehrroh*
doll	la muñeca	*lah moonyehkah*
domestic	nacionales	*nahtheeohnahlehs*
done	hecho	*ehchoh*

door	la puerta	*lah pwehrtah*
double	doble	*dohbleh*
down	abajo	*ahbahhoh*
draught (to be a)	haber corriente	*ahbehr kohrryehnteh*
draughts (play)	jugar a las damas	*hoogahr ah lahs dahmahs*
dream	soñar	*sohnyahr*
dress	el vestido	*ehl behsteedoh*
dressing gown	la bata	*lah bahtah*
drink (verb)	beber	*behbehr*
drinking chocolate	el chocolate	*ehl chohkohlahteh*
drinking water	el agua potable	*ehl ahgwah pohtahbleh*
drive (verb)	ir en coche	*eer ehn kohcheh*
driver	el chófer	*ehl chohfehr*
driving licence	el permiso de conducir	*ehl pehrmeesoh deh kohndooteer*
drought	la sequía	*lah sehkeeah*
dry (verb)	secar	*sehkahr*
dry	seco	*sehkoh*
dry clean	lavar en seco	*lahbahr ehn sehkoh*
dry cleaner's	la tintorería	*lah teentohrehreeah*
dry shampoo	el champú seco	*ehl chahmpoo sehkoh*
dummy	el chupete	*ehl choopehteh*
during	durante	*doorahnteh*
during the day	de día	*deh deeah*

E

ear	la oreja	*lah ohrehhah*
ear, nose and throat (ENT) specialist	el médico de oídos	*ehl mehdeekoh deh oheedohs*
earache	el dolor de oído	*ehl dohlohr deh oheedoh*

199

eardrops	las gotas para los oídos	*lahs gohtahs pahrah lohs oheedohs*
early	temprano	*tehmprahnoh*
earrings	los pendientes	*lohs pehndyehntehs*
earth	la tierra	*lah tyehrrah*
earthenware	la cerámica	*lah thehrahmeekah*
east	el este	*ehl ehsteh*
easy	fácil	*fahtheel*
eat	comer	*kohmehr*
eczema	el eczema	*ehl ehkthehmah*
eel	la anguila	*lah ahngeelah*
egg	el huevo	*ehl wehboh*
elastic band	la goma elástica	*lah gohmah ehlahsteekah*
electric	eléctrico	*ehlehktreekoh*
electricity	la corriente	*lah kohrryehnteh*
embassy	la embajada	*lah ehmbah<u>h</u>ahdah*
emergency brake	el freno de emergencia	*ehl frehnoh deh ehmehr<u>h</u>ehnthyah*
emergency exit	la salida de emergencia	*lah sahleedah deh ehmehr<u>h</u>ehnthyah*
emergency number	el número de urgencias	*ehl noomehroh deh oor<u>h</u>ehnthyahs*
emergency phone	el teléfono de emergencia	*ehl tehlehfohnoh deh ehmehr<u>h</u>ehnthyah*
emergency triangle	el triángulo reflectante	*ehl treeahngooloh rehflehktahnteh*
emery board	la lima (para uñas)	*lah leemah (pahrah oonyahs)*
empty	vacío	*bahtheeoh*
engaged (phone)	comunicando	*kohmooneekahndoh*
engaged	ocupado	*ohkoopahdoh*

English	inglés	*eenglehs*
enjoy	disfrutar	*deesfrootahr*
entertainment guide	la guía de los espectáculos	*lah gheeah deh lohs ehspehktahkoolohs*
envelope	el sobre	*ehl sohbreh*
escort	el/la acompañante	*ehl/lah ahkohmpahnyahnteh*
evening	la tarde	*lah tahrdeh*
evening wear	el traje de etiqueta	*ehl trahheh deh ehteekehtah*
event	el acontecimiento	*ehl akohntehthee-myehntoh*
event (social)	la función	*lah foonthyohn*
everything	todo	*tohdoh*
everywhere	en todas partes	*ehn tohdahs pahrtehs*
examine	reconocer	*rehkohnohthehr*
excavation	las excavaciones	*lahs ehxkahbahthyohnehs*
excellent	excelente, estupendo	*ehxthehlehnteh, ehstoopehndoh*
exchange (verb)	cambiar	*kahmbyahr*
exchange office	la oficina de cambio	*lah ohfeetheenah deh kahmbyoh*
exchange rate	la cotización, el tipo de cambio	*lah kohteethahthyohn, ehl teepoh deh kahmbyoh*
excursion	la excursión organizada	*lah ehxkoorsyohn ohrgahneethahdah*
exhibition	la exposición	*lah ehxpohseethyohn*
exit	la salida	*lah sahleedah*
expenses	los gastos	*lohs gahstohs*
expensive	caro	*kahroh*
explain	explicar	*ehxpleekahr*
express train	el tren rápido	*ehl trehn rahpeedoh*
external	tópico, externo	*tohpeekoh, ehxtehrnoh*
eye	el ojo	*ehl ohhoh*
eye drops	las gotas para los ojos	*lahs gohtahs pahrah lohs ohhohs*

eye shadow	la sombra de ojos	*lah sohmbrah deh ohhohs*
eye specialist	el oculista	*ehl ohkooleestah*
eyeliner	el lápiz de ojos	*ehl lahpeeth deh ohhohs*

F

face	la cara	*lah kahrah*
factory	la fábrica	*lah fahbreekah*
fair	la feria	*lah fehryah*
fall	caer(se)	*kahehr(seh)*
family	la familia	*lah fahmeelyah*
famous	famoso	*fahmohsoh*
far away	lejos	*lehhohs*
farm	la granja	*lah grahnhah*
farmer	el campesino	*ehl kahmpehseenoh*
farmer's wife	la campesina	*lah kahmpehseenah*
fashion	la moda	*lah mohdah*
fast	rápido	*rahpeedoh*
father	el padre	*ehl pahdreh*
fault (blame)	la culpa	*lah koolpah*
fax (verb)	enviar un fax	*ehnbyahr oon fahx*
February	febrero	*fehbrehroh*
feel (verb)	sentir	*sehnteer*
feel like	apetecer	*ahpehtehthehr*
fence	la verja	*lah behrhah*
ferry	el transbordador	*ehl trahnsbohrdahdohr*
fever	la fiebre	*lah fyehbreh*
fill (tooth)	empastar	*ehmpahstahr*
fill out	rellenar	*rehlyehnahr*
filling	el empaste	*ehl ehmpahsteh*
film (camera)	el rollo	*ehl rohlyoh*

film	la película	*lah pehleekoolah*
filter	el filtro	*ehl feeltroh*
find (verb)	encontrar	*ehnkohntrahr*
fine	la multa	*lah mooltah*
finger	el dedo	*ehl dehdoh*
fire	el fuego	*ehl fwehgoh*
fire (house etc.)	el incendio	*ehl eenthehndyoh*
fire brigade	los bomberos	*lohs bohmbehrohs*
fire escape	la escalera de	*lah ehskahlehrah*
	incendios	*deh eenthehndyohs*
fire extinguisher	el extintor	*ehl ehxteentohr*
first	primero	*preemehroh*
first aid	los primeros	*lohs preemehrohs*
	auxilios	*ahooxeelyohs*
first class	la primera clase	*lah preemehrah klahseh*
fish (verb)	pescar	*pehskahr*
fish	el pescado	*ehl pehskahdoh*
fishing rod	la caña de pescar	*lah kanyah deh pehskahr*
fitness centre	el gimnasio	*ehl heemnahsyoh*
fitness training	la gimnasia	*lah heemnahsyah*
fitting room	el probador	*ehl prohbahdohr*
fix puncture	arreglar el pinchazo	*ahrrehglahr ehl peenchahthoh*
flag	la bandera	*lah bahndehrah*
flamenco	el flamenco	*ehl flahmehnkoh*
flash cube	el cuboflash	*ehl koobohflahsh*
flash gun/bulb	el flash	*ehl flahsh*
flat	el piso	*ehl peesoh*
flea market	el mercadillo, el	*ehl mehrkahdeelyoh,*
	rastro	*ehl rahstroh*
flight	el vuelo	*ehl bwehloh*

flight number	el número de vuelo	*ehl noomehroh deh bwehloh*
flood	la inundación	*lah eenoondathyohn*
floor	el piso	*ehl peesoh*
flour	la harina	*lah ahreenah*
flu	la gripe	*lah greepeh*
fly (insect)	la mosca	*lah mohskah*
fly (verb)	volar	*bohlahr*
fly-over	el viaducto	*ehl beeahdooktoh*
fog	la niebla	*lah nyehblah*
foggy (be)	haber niebla	*ahbehr nyehblah*
folkloristic	folclórico	*fohlklohreekoh*
follow	seguir	*sehgeer*
food	el alimento	*ehl ahleemehntoh*
food poisoning	la intoxicación	*lah eentohxeekaht-*
	alimenticia	*hyohn ahleemehntee-thyah*
foodstuffs	los víveres	*lohs beebehrehs*
foot	el pie	*ehl pyeh*
for	antes, delante de	*ahntehs, dehlahnteh deh*
for hire	se alquila	*seh ahlkeelah*
forbidden	prohibido	*proheebeedoh*
forehead	la frente	*lah frehnteh*
foreign	extranjero	*ehxtrahnhehroh*
forget	olvidar	*ohlbeedahr*
fork	el tenedor	*ehl tehnehdohr*
form	el formulario	*ehl fohrmoolahryoh*
fort	la fortificación	*lah fohrteefeekah-thyohn*
forward (send)	enviar	*ehnbyahr*
fountain	la fuente	*lah fwehnteh*
four-star petrol	súper	*soopehr*
frame	la montura	*lah mohntoorah*

free	libre	*leebreh*
free of charge	gratuito	*grahtweetoh*
free time	el tiempo libre	*ehl tyehmpoh leebreh*
freeze	helar	*ehlahr*
French	francés	*frahnthehs*
French bread	la barra de pan	*lah bahrrah deh pahn*
fresh	fresco	*frehskoh*
Friday	el viernes	*ehl byehrnehs*
fried	frito	*freetoh*
fried egg	el huevo al plato	*ehl wehboh ahl plahtoh*
friend	el amigo	*ehl ahmeegoh*
friendly	cordial, amable	*kohrdyahl, ahmahbleh*
frightened	miedoso	*myehdohsoh*
fringe	el flequillo	*ehl flehkeelyoh*
front (at the)	adelante	*ahdehlahnteh*
frozen goods	los productos	*los prohdooktohs*
	congelados	*kohnhehlahdohs*
fruit	la fruta	*lah frootah*
fruit juice	el zumo de frutas	*ehl thoomoh deh frootahs*
frying pan	la sartén	*lah sahrtehn*
full	lleno	*lyehnoh*
fun	la diversión	*lah deebehrsyohn*

G

gallery	la galería de arte	*lah gahlehreeah deh ahrteh*
game	el juego	*el <u>h</u>wehgoh*
garage (for repairs)	el taller mecánico	*ehl tahlyehr mehkahneekoh*
garbage bag	la bolsa de basura	*lah bohlsah deh bahsoorah*
garden	el jardín	*ehl <u>h</u>ahrdeen*
gastroenteritis	la gastroenteritis	*lah gahstrohehnteh-reetees*

gauze	la gasa esterilizada	*lah gahsah ehstehreeleeethahdah*
gear (bicycle)	el cambio	*ehl kahmbyoh*
gel	el gel	*ehl hehl*
German	alemán	*ahlehmahn*
get married	casarse	*kahsahrseh*
get off	bajarse	*bahhahrse*
gift	el regalo	*ehl rehgahloh*
gilt	dorado	*dohrahdoh*
ginger	el jengibre	*ehl hehnheebreh*
girl	la chica	*lah cheekah*
girlfriend	la amiga	*lah ahmeegah*
giro card	la tarjeta de la caja postal	*lah tahrhehtah deh lah kahhah pohstahl*
giro cheque	el cheque postal	*ehl chehkeh pohstahl*
glacier	el glaciar	*ehl glahthyahr*
glass (tumbler)	el vaso	*ehl bahsoh*
glass (wine -)	la copa	*lah kohpah*
glasses	las gafas	*lahs gahfahs*
glider	el vuelo sin motor	*ehl bwehloh seen mohtohr*
glove	el guante	*ehl gwahnteh*
glue	la cola	*lah kohlah*
gnat	el mosquito	*ehl mohskeetoh*
go (verb)	ir	*eer*
go back, come back	volver	*bohlbehr*
go backwards	ir para atrás	*eer pahrah ahtrahs*
go out	salir	*sahleer*
goat's cheese	el queso de cabra	*ehl kehsoh deh kahbrah*
gold	el oro	*ehl ohroh*
golf	el golf	*ehl gohlf*
golf course	el campo de golf	*ehl kahmpoh deh gohlf*

gone	perdido	*pehrdeedoh*
good afternoon	buenas tardes (after 2pm)	*bwehnahs tahrdehs*
good evening	buenas tardes	*bwehnahs tahrdehs*
good morning	buenos días (before 2pm)	*bwehnohs deeahs*
good night	buenas noches	*bwehnahs nohchehs*
goodbye	la despedida	*lah dehspehdeedah*
gram	el gramo	*ehl grahmoh*
grandchild	el nieto	*ehl nyehtoh*
grandfather	el abuelo	*ehl ahbwehloh*
grandmother	la abuela	*lah ahbwehlah*
grape juice	el zumo de uvas	*ehl thoomoh deh oobahs*
grapefruit	el pomelo	*ehl pohmehloh*
grapes	las uvas	*lahs oobahs*
grave	la tumba	*lah toombah*
grease	la grasa	*lah grahsah*
green	verde	*behrdeh*
green card	la tarjeta verde	*lah tahrhehtah behrdeh*
greet	saludar	*sahloodahr*
grey (hair)	canoso	*kahnohsoh*
grey	gris	*grees*
grill (verb)	asar a la parrilla	*ahsahr ah lah pahreelyah*
grilled	tostado	*tohstahdoh*
grocer's	la tienda de comestibles	*lah tyehndah deh kohmehsteeblehs*
ground	la tierra	*lah tyehrrah*
group	el grupo	*ehl groopoh*
guest house	la pensión	*lah pehnsyohn*
guide (book)	la guía	*lah gueeah*

Word list

guide (person)	el/la guía	*ehl/lah gueeah*
guided tour	la visita guiada	*lah beeseetah gueeahdah*
gynaecologist	el ginecólogo	*ehl heenehkohlohgoh*

H

hair	el pelo	*ehl pehloh*
hairbrush	el cepillo para el pelo	*ehl thehpeelyoh parah ehl pehloh*
hairdresser	la peluquería	*lah pehlookehreeah*
(ladies', men's)	(de señoras, caballeros)	*(deh sehnyohrahs, kahbahlyehrohs)*
hairpins	las horquillas	*lahs ohrkeelyahs*
hairspray	la laca para el pelo	*lah lahkah pahrah ehl pehloh*
half	medio, media, la mitad	*mehdyoh, mehdyah, lah meetahdh*
half full	lleno hasta la mitad	*lyehnoh ahstah lah meetahdh*
half kilo	el medio kilo	*ehl mehdyoh keeloh*
hammer	el martillo	*ehl mahrteelyoh*
hand	la mano	*lah mahnoh*
hand brake	el freno de mano	*ehl frehnoh deh mahnoh*
handbag	el bolso de mano	*ehl bohlsoh deh mahnoh*
handbag	el bolso	*ehl bohlsoh*
handkerchief	el pañuelo	*ehl pahnywehloh*
handmade	hecho a mano	*ehchoh ah mahnoh*
happy	contento	*kohntehntoh*
harbour	el puerto	*ehl pwehrtoh*
hard	duro	*dooroh*
haste	la prisa	*lah preesah*
hat	el sombrero	*ehl sohmbrehroh*
hay fever	la fiebre del heno	*lah fyehbreh dehl ehnoh*
hazelnut	la avellana	*lah ahbehlyahnah*

head	la cabeza	*lah kahbehthah*
headache	el dolor de cabeza	*ehl dohlohr deh kahbehthah*
health	la salud	*lah sahloodh*
health food shop	la tienda naturista	*lah tyehndah nahtooreestah*
hear	entender	*ehntehndehr*
hearing aid	el audífono	*ehl ahoodeefohnoh*
heart	el corazón	*ehl kohrahthohn*
heart patient	el enfermo cardíaco	*ehl ehnfehrmoh kahrdeeahkoh*
heat	calor	*kahlohr*
heater	la calefacción	*lah kahlehfahkthyohn*
heavy	pesado	*pehsahdoh*
heel	el talón	*ehl tahlohn*
heel (on shoe)	el tacón	*ehl tahkohn*
hello	hola	*ohlah*
helmet	el casco	*ehl kahskoh*
help (verb)	ayudar	*ahyoodahr*
help	la ayuda	*lah ahyoodah*
helping/portion	la ración	*lah rahthyohn*
herbal tea	la infusión	*lah eenfoosyohn*
here	aquí	*ahkee*
herring	el arenque	*ehl ahrehnkeh*
high	alto	*ahltoh*
high tide	la marea alta	*lah mahrehah ahltah*
highchair	la silla para niños	*lah seelyah pahrah neenyohs*
hiking	el excursionismo	*ehl ehxkoorsyohneesmoh*
hiking trip	la excursión a pie	*lah ehxkoorsyohn ah pyeh*
hip	la cadera	*lah kahdehrah*
hire	alquilar	*ahlkeelahr*
hitchhike	hacer autostop	*ahthehr ahootohstohp*
hobby	el hobby	*ehl hohbee*

15 Word list

hold-up/robbery	el asalto	ehl ahsahltoh
holiday (public)	el día de fiesta	ehl deeah deh fyehstah
holiday house	el chalet	ehl chahleh
holiday park	la urbanización	lah oorbahneethah-thyohn
holidays	las vacaciones	lahs bahkahthyohnehs
home (at)	en casa	ehn kahsah
homesickness	la nostalgia	lah nohstahlhyah
honest	sincero	seenthehroh
honey	la miel	lah myehl
horizontal	horizontal	oreethohntahl
horrible	horrible	ohrreebleh
horse	el caballo	ehl kahbahlyoh
hospital	el hospital	ehl ohspeetahl
hospitality	la hospitalidad	lah ohspeetahleedahdh
hot	cálido/caluroso	kahleedoh/kahloorohsoh
hot (spicy)	picante	peekahnteh
hotel	el hotel	ehl ohtehl
hot-water bottle	la bolsa de agua caliente	lah bohlsah deh ahgwah kahlyehnteh
hour	la hora	lah ohrah
house	la casa	lah kahsah
household items	los artículos del hogar	lohs ahrteekoolohs dehl ohgahr
houses of parliament	la cámara de diputados	lah kahmahrah deh deepootahdohs
housewife	el ama de casa	ehl ahmah deh kahsah
how far?	¿a qué distancia?	ah keh deestahnthyah?
how long?	¿cuánto tiempo?	kwahntoh tyehmpoh?
how much?	¿cuánto?	kwahntoh?
how?	¿cómo?	kohmoh

hunger	el hambre/el apetito	*ehl ahmbreh/ehl ahpehteetoh*
hurricane	el huracán	*ehl oorahkahn*
hurry	la prisa	*lah preesah*
husband	el marido	*ehl mahreedoh*
hut	el camarote	*ehl kahmahrohteh*
hyperventilation	la hiperventilación	*lah eepehr-behnteelahthyohn*

I

ice cream	el helado	*ehl ehlahdoh*
ice cubes	los cubitos de hielo	*lohs koobeetohs deh yehloh*
ice skating	el patinaje sobre	*ehl pahteenah<u>h</u>eh*
	hielo	*sohbreh yehloh*
idea	la idea	*lah eedehah*
identification card	el carnet de identidad	*ehl kahrneh deh eedehnteedahdh*
identify	identificar	*eedehnteefeekahr*
ignition key	la llave de contacto	*lah lyahbeh deh kohntahktoh*
ill	enfermo	*ehnfehrmoh*
illness	la enfermedad	*lah ehnfehrmehdahdh*
imagine	imaginarse	*eemah<u>h</u>eenahrseh*
immediately	inmediatamente	*eenmehdyahtah-mehnteh*
import duty	los derechos de	*lohs dehrehchohs*
	aduana	*deh ahdwahnah*
impossible	imposible	*eempohseebleh*
in	en	*ehn*
in the evening	por la tarde	*pohr lah tahrdeh*
in the morning	por la mañana	*pohr lah mahnyahnah*
included	incluido	*eenklooeedoh*
indicate	señalar	*sehnyahlahr*
indicator	el intermitente	*ehl eentehrmeetehnteh*
inexpensive	barato	*bahrahtoh*

infection (viral -, bacterial -)	la infección (vírica, bacteriana)	*lah eenfehkthyohn (beereekah, bahktehryahnah)*
inflammation	la inflamación	*lah eenflahmahthyohn*
information	la información	*lah eenfohrmahthyohn*
information office	la oficina de información	*lah ohfeetheenah deh eenfohrmahthyohn*
injection	la inyección	*lah eenyehkthyohn*
injured	herido	*erhreedoh*
inner ear	el oído	*ehl oheedoh*
inner tube	la cámara	*lah kahmahrah*
innocent	inocente	*eenohthehnteh*
insect	el insecto	*ehl eensehktoh*
insect bite	la picadura de insecto	*lah peekahdoorah deh eensehktoh*
insect repellant	el aceite para los mosquitos	*ehl ahthehyteh pahrah lohs mohskeetohs*
inside	adentro	*ahdehntroh*
insole	la plantilla	*lah plahnteelyah*
instructions	las instrucciones	*lahs eenstrookthyohnehs*
insurance	el seguro	*ehl sehgooroh*
intermission	la pausa	*lah pahoosah*
international	internacional	*eentehrnahthyohnahl*
interpreter	el intérprete	*ehl eentehrprehteh*
intersection/crossing	el cruce	*ehl krootheh*
introduce oneself	presentarse	*prehsehntahrseh*
invite (verb)	invitar	*eenbeetahr*
iodine	el yodo	*ehl yohdoh*
iron (metal)	el hierro	*ehl yehrroh*
iron (verb)	planchar	*plahnchahr*
iron	la plancha	*lah plahnchah*
ironing board	la tabla de planchar	*lah tahblah deh plahnchahr*

island	la isla	*lah eeslah*
it's a pleasure	de nada	*deh nahdah*
Italian	italiano	*eetahlyahnoh*
itch	la picazón	*lah peekahthohn*

J

jack	el gato	*ehl gahtoh*
jacket	la chaqueta	*lah chahkehtah*
jam	la mermelada	*lah mehrmehlahdah*
January	enero	*ehnehroh*
jaw	la mandíbula	*lah mahndeeboolah*
jellyfish	la medusa	*lah mehdoosah*
jeweller	la joyería	*lah hoyehreeah*
jewels	las alhajas	*lahs ahlah<u>h</u>ahs*
jog (verb)	hacer footing	*ahthehr footeen*
joke	la broma	*lah brohmah*
journey	el viaje	*ehl byah<u>h</u>eh*
juice	el zumo/el jugo	*ehl thoomoh/ehl <u>h</u>oogoh*
July	julio	*<u>h</u>oolyoh*
jump leads	el cable de arranque	*ehl kahbleh deh ahrrahnkeh*
jumper	el jersey	*ehl hehrsehee*
June	junio	*<u>h</u>oonyoh*

K

key	la llave	*lah lyahbeh*
kilo	el kilo	*ehl keeloh*
kilometre	kilómetro(s)	*keelohmehtroh(s)*
king	el rey	*ehl rehee*
kiss (verb)	besar	*behsahr*
kiss	el beso	*ehl behsoh*

kitchen	la cocina	*lah kohtheenah*
knee	la rodilla	*lah rohdeelyah*
knee socks	las medias cortas	*lahs mehdyahs kohrtahs*
knife	el cuchillo	*ehl koocheelyoh*
know	saber	*sahbehr*

L

lace	el encaje	*ehl ehnkah<u>h</u>eh*
ladies'	el servicio para señoras	*ehl sehrbeethyoh pahrah sehnyohrahs*
lake	el lago	*ehl lahgoh*
lamp	la lámpara	*lah lahmpahrah*
land (verb)	aterrizar	*ahtehrreethahr*
lane	el carril	*ehl kahrreel*
language	el idioma	*ehl eedyohmah*
large	grande	*grahndeh*
last	pasado, último	*pahsahdoh, oolteemoh*
last night	anoche	*ahnohcheh*
late	tarde	*tahrde*
later	luego	*lwehgoh*
latest (at the)	a más tardar	*ah mahs tahrdahr*
laugh	reír	*reheer*
launderette	la lavandería (automática)	*lah lahbahndehreeah (ahootohmahteekah)*
law	el derecho	*ehl dehrehchoh*
laxative	el laxante	*ehl lahxahnteh*
leak	pinchado	*peenchahdoh*
leather	la piel, el cuero	*lah pyehl, ehl kwehroh*
leather goods	los artículos de piel	*lohs ahrteekoolohs deh pyehl*
leave (verb)	partir, salir	*pahrteer, sahleer*

leek	el puerro	*ehl pwehrroh*
left (on the)	a la izquierda	*ah lah eethkyehrdah*
left	izquierda	*eethkyehrdah*
left luggage	el depósito de	*ehl dehpohseetoh*
	equipajes	*deh ehkeepah<u>h</u>ehs*
leg	la pierna	*lah pyehrnah*
lemon	el limón	*ehl leemohn*
lemonade	la limonada	*lah leemohnahdah*
lend	prestar	*prehstahr*
lens	el objetivo	*ehl ohb<u>h</u>ehteeboh*
lentils	las lentejas	*lahs lehnteh<u>h</u>ahs*
less	menos	*mehnohs*
lesson	la clase	*lah klahseh*
letter	la carta	*lah kahrtah*
lettuce	la lechuga	*lah lehchoogah*
level crossing	el paso a nivel	*ehl pahsoh ah neebehl*
library	la biblioteca	*lah beeblyohtehkah*
lie	mentir	*mehnteer*
lie down	estar tumbado	*ehstahr toombahdoh*
lift (hitchhike)	el viaje (en autostop)	*ehl byah<u>h</u>eh (ehn ahootohstohp)*
lift (in building)	el ascensor	*ehl ahsthehnsohr*
lift (ski)	el telesquí, el telesilla	*ehl tehlehskee, ehl tehlehseelyah*
light (for cigarette)	el fuego	*ehl fwehgoh*
light (not dark)	claro	*klahroh*
light (not heavy)	ligero	*lee<u>h</u>ehroh*
lighter	el mechero	*ehl mehchehroh*
lighthouse	el faro	*ehl fahroh*
lightning	el rayo	*ehl rahyoh*
like	gustar	*goostahr*
line	la línea	*lah leenehah*

linen	el hilo	*ehl eeloh*
lipstick	la barra de labios	*lah bahrrah deh lahbyohs*
liqueur	la copa	*lah kohpah*
liquorice	el regaliz	*ehl rehgahleeth*
listen	escuchar	*ehskoochahr*
literature	la literatura	*lah leetehrahtoorah*
litre	el litro	*ehl leetroh*
little	poco	*pohkoh*
live (verb)	vivir	*beebeer*
live together	vivir con otra	*beebeer kohn ohtrah*
	persona	*pehrsohnah*
lobster	la langosta	*lah lahngohstah*
local	local	*lohkahl*
lock	la cerradura	*lah thehrrahdoorah*
long	largo	*lahrgoh*
look (verb)	mirar	*meerahr*
look for	buscar	*booskahr*
look up (person)	buscar	*booskahr*
lorry	el camión	*ehl kahmyohn*
lose	perder	*pehrdehr*
loss	la pérdida	*lah pehrdeedah*
lost (to get)	perderse, extraviarse	*pehrdehrse, ehxtrahbyahrseh*
lost	extraviado, perdido	*ehxtrahbyahdoh, pehrdeedoh*
lost item	extravío	*ehxtrahbeeoh*
lost property office	los objetos perdidos	*lohs ohbhehtohs pehrdeedohs*
lotion	la loción	*lah lohthyohn*
loud	alto	*ahltoh*
love (be in - with)	estar enamorado de	*ehstahr ehnahmohrahdoh deh*
love (verb)	querer	*kehrehr*
love	el amor	*ehl ahmohr*

low	bajo	*bahhoh*
low tide	la marea baja	*lah mahrehah bahhah*
luck	la suerte	*lah swehrteh*
luggage	el equipaje	*ehl ehkeepahheh*
luggage locker	la consigna	*lah kohnseegnah*
	automática	*ahootohmahteekah*
lunch	el almuerzo, la	*ehl ahlmwehrthoh,*
	comida	*lah kohmeedah*
lungs	los pulmones	*lohs poolmohnehs*

M

macaroni	los macarrones	*lohs mahkahrrohnehs*
madam/Mrs	señora	*sehnyohrah*
magazine	la revista	*lah rehbeestah*
magnificent	magnífico	*mahgneefeekoh*
mail	el correo	*ehl kohrrehoh*
main post office	la oficina central	*ah ohfeetheenah*
	de Correos	*thehntrahl deh kohrrehohs*
main road	la carretera principal	*lah kahrrehtehrah preentheepahl*
make an appointment	pedir hora	*pehdeer ohrah*
make love	acostarse/hacer el	*ahkohstahrseh/ahthehr*
	amor	*ehl ahmohr*
makeshift	provisional (mente)	*prohbeesyohnahl (mehnteh)*
man	el hombre	*ehl ohmbreh*
manager	el encargado	*ehl ehnkahrgahdoh*
mandarin	la mandarina	*lah mahndahreenah*
manicure	la manicura	*lah mahneekoorah*
map	el mapa	*ehl mahpah*
marble	el mármol	*ehl mahrmohl*
March	marzo	*mahrthoh*

margarine	la margarina	*lah mahrgahreenah*
marina	el puerto deportivo	*ehl pwehrtoh dehpohrteeboh*
market	el mercado	*ehl mehrkahdoh*
marriage	el matrimonio	*ehl mahtreemohnyoh*
married	casado	*kahsahdoh*
mass	la misa	*lah meesah*
massage	el masaje	*ehl mahsah<u>h</u>eh*
mat	mate	*mahteh*
matches	las cerillas	*lahs thehreelyahs*
May	mayo	*mahyoh*
maybe	quizá	*keethah*
mayonnaise	la mayonesa	*lah mahyohnehsah*
mayor	el alcalde	*ehl ahlkahldeh*
meal	la comida	*lah kohmeedah*
mean (verb)	significar	*seegneefeekahr*
meat	la carne	*lah kahrneh*
medical insurance	el seguro de enfermedad	*ehl sehgooroh deh ehnfehrmehdahdh*
medication	el medicamento	*ehl mehdeekahmehntoh*
medicine	el medicamento, la medicina	*ehl mehdeekahmehntoh, lah mehdeetheenah*
meet	conocer	*kohnohthehr*
melon	el melón	*ehl mehlohn*
membership	el ser socio	*ehl sehr sohthyoh*
menstruate	tener la regla	*tehnehr lah rehglah*
menstruation	la menstruación	*lah mehnstrooahthyohn*
menu	el menú, la carta	*ehl mehnoo, lah kahrtah*
menu of the day	el menú del día	*ehl mehnoo dehl deeah*
message	el recado/mensaje	*ehl rehkahdoh/mehnsah<u>h</u>eh*
metal	el metal	*ehl mehtahl*

meter (taxi)	el taxímetro	*ehl tahxeemehtroh*
metre	metro(s)	*mehtroh(s)*
migraine	la jaqueca	*lah hahkehkah*
mild (tobacco)	rubio	*roobyoh*
milk	la leche	*lah lehcheh*
millimetre(s)	milímetro(s)	*meeleemehtroh(s)*
milometer	el cuentakilómetros	*ehl kwehntah-keelohmehtrohs*
mince	la carne picada	*lah kahrneh peekahdah*
mineral water	el agua mineral	*ehl ahgwah meenehrahl*
minute	el minuto	*ehl meenootoh*
mirror	el espejo	*ehl ehspehoh*
miss (person)	echar de menos	*ehchahr deh mehnohs*
missing (be)	faltar	*fahltahr*
mistake	el error, la equivocación	*ehl ehrrohr, lah ehkeebohkahthyohn*
mistaken (be)	equivocarse	*ehkeebohkahrseh*
misunderstanding	el malentendido	*ehl mahlehntehndeedoh*
mixture	el jarabe, la poción	*ehl hahrahbeh, lah pohthyohn*
mocha	el moca	*ehl mohkah*
modern art	el arte moderno	*ehl ahrteh mohdehrnoh*
molar	la muela	*lah mwehlah*
moment	el momento	*ehl mohmehntoh*
Monday	el lunes	*ehl loonehs*
money	el dinero	*ehl deenehroh*
month	el mes	*ehl mehs*
moped	el ciclomotor	*ehl theeklohmohtohr*
morning-after pill	la píldora para el día después	*lah peeldohrah pahrah ehl deeah dehspwehs*
mosque	la mezquita	*lah methkeetah*
motel	el motel	*ehl mohtehl*

15 Word list

mother	la madre	*lah mahdreh*
motor cross	el motocrós	*ehl mohtohkrohs*
motorbike	la moto	*lah mohtoh*
motorboat	la lancha motora	*lah lahnchah mohtohrah*
motorway	la autovía, la autopista	*lah ahootohbeeah, lah ahootohpeestah*
mountain	la montaña	*lah mohntahnyah*
mountain hut	el refugio	*ehl rehfoohyoh*
mountaineering	el montañismo	*ehl mohntahnyeesmoh*
mountaineering shoes	las botas de alpinismo	*lahs bohtahs deh ahlpeeneesmoh*
mouse	el ratón	*ehl rahtohn*
mouth	la boca	*lah bohkah*
much/many	mucho	*moochoh*
multi-storey car park	el estacionamiento	*ehl ehstahthyohnah-myehntoh*
muscle	el músculo	*ehl mooskooloh*
muscle spasms	los calambres (en los músculos)	*lohs kahlahmbrehs (ehn lohs mooskoolohs)*
museum	el museo	*ehl moosehoh*
mushrooms	las setas	*lahs sehtahs*
music	la música	*lah mooseekah*
musical show	la comedia musical	*lah kohmehdyah mooseekahl*
mussels	los mejillones	*lohs meheelyohnehs*
mustard	la mostaza	*lah mohstahthah*

N

nail (on hand)	la uña	*lah oonyah*
nail	el clavo	*ehl klahboh*
nail polish	el esmalte (para uñas)	*ehl ehsmahlteh(pahrah oonyahs)*

nail polish remover	el quitaesmalte	*ehl keetahehsmahlteh*
nail scissors	las tijeras de uñas	*lahs tee<u>h</u>ehrahs pahrah oonyahs*
naked	desnudo	*dehsnoodoh*
nappy	el pañal	*ehl pahnyahl*
nationality	la nacionalidad	*lah nahthyohnahlee-dahdh*
nature	la naturaleza	*lah nahtoorahlehthah*
naturism	el naturismo	*ehl nahtooreesmoh*
nauseous	con náuseas	*kohn nahoosehahs*
near	junto a	*<u>h</u>oontoh ah*
nearby	cerca	*thehrkah*
necessary	necesario	*nehthehsahryoh*
neck	la nuca	*lah nookah*
necklace	la cadena	*lah kahdehnah*
needle	la aguja	*lah ahoo<u>h</u>ah*
negative	el negativo	*ehl nehgahteeboh*
neighbours	los vecinos	*lohs behtheenohs*
nephew	el sobrino	*ehl sohbreenoh*
Netherlands	los Países Bajos	*lohs paheesehs bah<u>h</u>ohs*
never	jamás/nunca	*<u>h</u>ahmahs/noonkah*
new	nuevo	*nwehboh*
news	las noticias	*lahs nohteethyahs*
news stand	el quiosco	*ehl kyohskoh*
newspaper	el periódico	*ehl pehryohdeekoh*
next	próximo, que viene	*prohxeemoh, keh byehneh*
next to	al lado de	*ahl lahdoh deh*
nice (friendly)	amable	*ahmahbleh*
nice (to look at)	bonito, mono	*bohneetoh, mohnoh*
nice	bien, agradable	*byehn, ahgrahdahbleh*

niece	la sobrina	*lah sohbreenah*
night (at)	por la noche	*pohr lah nohcheh*
night	la noche	*lah nohcheh*
night duty	la guardia nocturna	*lah gwahrdyah nohktoornah*
nightclub	el cabaré	*ehl kahbahreh*
nightlife	la vida nocturna	*lah beedah nohktoornah*
nipple	la tetina	*lah tehteenah*
no	no	*noh*
no overtaking	la prohibición de	*lah proheebeethyohn*
	adelantar	*deh ahdehlahntahr*
noise	el ruido	*ehl rooeedoh*
nonstop	sin escalas	*seen ehskahlahs*
no-one	nadie	*nahdyeh*
normal	normal, corriente	*nohrmahl, kohrryehnteh*
north	el norte	*ehl nohrteh*
nose	la nariz	*lah nahreeth*
nose bleed	la hemorragia nasal	*lah ehmohrrahhyah nahsahl*
nose drops	las gotas para la	*lahs gohtahs pahrah lah*
	nariz	*nahreeth*
notepaper	el papel de escribir	*ehl pahpehl deh*
		ehskreebeer
nothing	nada	*nahdah*
November	noviembre	*nohbyehmbreh*
nowhere	en ninguna parte	*ehn neengoonah pahrteh*
nudist beach	la playa nudista	*lah plahyah noodeestah*
number	el número	*ehl noomehroh*
number plate	la matrícula	*lah mahtreekoolah*
nurse	la enfermera	*lah ehnfehrmehrah*
nutmeg	la nuez moscada	*lah nwehth mohskahdah*
nuts	los frutos secos	*lohs frootohs sehkohs*

O

October	octubre	*ohktoobreh*
of course	claro	*klahroh*
off	podrido	*pohdreedoh*
offer	ofrecer	*ohfrehthehr*
office	la oficina	*lah ohfeetheenah*
off-licence	la bodega, la tienda de vinos y licores	*lah bohdehgah, lah tyehndah deh beenohs ee leekohrehs*
oil	el aceite	*ehl ahtheyteh*
oil level	el nivel del aceite	*ehl neebehl deh ahtheyteh*
ointment	la pomada, el ungüento	*lah pohmahdah, ehl oongwehntoh*
ointment for burns	la pomada contra las quemaduras	*lah pohmahdah kohntrah lahs kehmahdoorahs*
okay	vale, de acuerdo	*bahleh, deh ahkwehrdoh*
old	viejo	*byeh͟hoh*
old part of town	el casco antiguo	*ehl kahskoh ahnteegwoh*
olive oil	el aceite de oliva	*ehl ahtheyteh deh ohleebah*
olives	las aceitunas	*lahs ahtheytoonahs*
omelette	la tortilla	*lah tohrteelyah*
on	sobre	*sohbreh*
on board	a bordo	*ah bohrdoh*
oncoming car	el vehículo que viene	*ehl beheekooloh keh byehneh*
one hundred grams	los cien gramos	*lohs thyehn grahmohs*
one-way traffic	la dirección única	*lah deerehkthyohn ooneekah*
onion	la cebolla	*lah thehbohlyah*
open (adj.)	abierto	*ahbyehrtoh*
open (verb)	abrir	*ahbreer*
opera	la ópera	*lah ohpehrah*

223

operate	operar	*ohpehrahr*
operator (telephone)	la operadora	*lah ohpehrahdohrah*
operetta	la opereta, la zarzuela	*lah ohpehrehtah, lah thahrthwehlah*
opposite	al frente, enfrente de	*ahl frehnteh, ehnfrehnteh deh*
optician	la óptica	*lah ohpteekah*
orange	la naranja	*lah nahrahnhah*
orange (adj.)	naranja	*nahrahnhah*
orange juice	el zumo de naranja	*ehl thoomoh deh nahrahnhah*
order (in -,) tidy	en orden, ordenado	*ehn ohrdehn, ohrdehnahdo*
order (verb)	pedir	*pehdeer*
order	el pedido	*ehl pehdeedoh*
other	otro	*ohtroh*
other side	el otro lado	*ehl ohtroh lahdoh*
outside	afuera	*ahfwehrah*
overtake	adelantar	*ahdehlahntahr*
oysters	las ostras	*lahs ohstrahs*

P

packed lunch	el paquete con bocadillos	*ehl pahkehteh kohn bohkahdeelyohs*
page	la página	*lah pahheenah*
pain	el dolor	*ehl dohlohr*
painkiller	el analgésico	*ehl ahnahlhehseekoh*
paint (verb)	pintar	*peentahr*
paint	la pintura	*lah peentoorah*
painting (art)	el cuadro	*ehl kwahdroh*
painting (object)	la pintura	*lah peentoorah*
palace	el palacio	*ehl pahlahthyoh*
pancake	la crepe	*lah krehp*
pane	el cristal	*ehl kreestahl*

pants (briefs)	las bragas	*lahs brahgahs*
panty liner	el protegeslip	*ehl prohteh<u>h</u>ehsleep*
paper	el papel	*ehl pahpehl*
paraffin oil	el querosén	*ehl kehrohsehn*
parasol	el quitasol	*ehl keetahsohl*
parcel	el paquete	*ehl pahkehteh*
pardon	perdone	*pehrdohneh*
parents	los padres	*lohs pahdrehs*
park	el parque	*ehl pahrkeh*
park (verb)	aparcar	*ahpahrkahr*
parking space	el sitio para aparcar	*ehl seetyoh pahrah ahpahrkahr*
parsley	el perejil	*ehl pehreh<u>heel</u>*
partition	la secreción	*lah sehkrehthyohn*
partner	la pareja	*lah pahreh<u>h</u>ah*
party	la fiesta	*lah fyehstah*
passable	practicable	*prahkteekahbleh*
passenger	el pasajero	*ehl pahsah<u>h</u>ehroh*
passport	el pasaporte	*ehl pahsahpohrteh*
passport photo	la foto de carnet	*lah fohtoh deh kahrneh*
patient	el paciente	*ehl pahthyehnteh*
pavement	la acera	*lah ahthehrah*
pay (verb)	pagar	*pahgahr*
pay the bill	pagar la cuenta	*pahgahr lah kwehntah*
peach	el melocotón	*ehl mehlohkohtohn*
peanuts	los cacahuetes	*lohs kahkahwehtehs*
pear	la pera	*lah pehrah*
peas	los guisantes	*lohs gueesahntehs*
pedal	el pedal	*ehl pehdahl*
pedestrian crossing	el paso de peatones	*ehl pahsoh deh pehahtohnehs*
pedicure	la pedicura	*lah pehdeekoorah*

Word list

pen	la pluma	*lah ploomah*
pencil (hard/soft)	el lápiz (duro/blando)	*ehl lahpeeth (dooroh/blahndoh)*
penis	el pene	*ehl pehneh*
pepper (capsicum)	el pimiento	*ehl peemyehntoh*
pepper (condiment)	la pimienta	*lah peemyehntah*
performance	la función de teatro/música	*lah foonthyohn deh tehahtroh/mooseekah*
perfume	el perfume	*ehl pehrfoomeh*
perm (verb)	hacer una permanente	*ahthehr oonah pehrmahnehnteh*
perm	la permanente	*lah pehrmahnehnteh*
permit	el permiso	*ehl pehrmeesoh*
person	la persona	*lah pehrsohnah*
personal	personal	*pehrsohnahl*
petrol	la gasolina	*lah gahsohleenah*
petrol station	la gasolinera	*lah gahsohleenehrah*
pets	los animales domésticos	*lohs ahneemahles dohmehsteekohs*
pharmacy	la farmacia	*lah fahrmahthyah*
phone (by)	por teléfono	*pohr tehlehfohnoh*
phone (tele-)	el teléfono	*ehl tehlehfohnoh*
phone (verb)	llamar por teléfono	*lyahmahr pohr tehlehfohnoh*
phone box	la cabina telefónica	*lah kahbeenah tehlehfohneekah*
phone directory	la guía de teléfonos	*lah gheeah deh tehlehfohnohs*
phone number	el número de teléfono	*ehl noomehroh deh tehlehfohnoh*
photo	la foto	*lah fohtoh*
photocopier	la fotocopiadora	*lah fohtohkohpyahdohrah*
photocopy (verb)	fotocopiar	*fohtohkohpyahr*
photocopy	la fotocopia	*lah fohtohkohpyah*

pick up (fetch person)	(ir a) buscar, pasar a buscar	(eer ah) booskahr, pahsahr ah booskahr
picnic	el picnic	ehl peekneek
piece of clothing	la prenda	lah prehndah
pier	el muelle	ehl mwehlyeh
pigeon	la paloma	lah pahlohmah
pill (contraceptive)	la píldora (anticonceptiva)	lah peeldohrah (ahnteekohnthehp-teebah)
pillow	la almohada	lah ahlmohahdah
pillowcase	la funda de almohada	lah foondah deh ahlmohahdah
pin	el alfiler	ehl ahlfeelehr
pineapple	la piña	lah peenyah
pipe	la pipa	lah peepah
pipe tobacco	el tabaco de pipa	ehl tahbahkoh deh peepah
pity	lástima	lahsteemah
place of entertainment	el sitio para salir	ehl seetyoh pahrah sahleer
place of interest	el punto de interés	ehl poontoh deh eentehrehs
plan/map	el plano	ehl plahnoh
plant	la planta	lah plahntah
plasters	las tiritas, los esparadrapos	lahs teereetahs, lohs ehspahrah-drahpohs
plastic	el plástico	ehl plahsteekoh
plastic bag	la bolsita	lah bohlseetah
plate	el plato	ehl plahtoh
platform	la vía, el andén	lah beeah, ehl ahndehn
play (theatre)	la obra de teatro	lah ohbrah deh tehahtroh
play (verb)	jugar	hoogahr
playground	el parque infantil	ehl pahrkeh eenfahnteel
playing cards	los naipes	lohs naypehs
pleasant	agradable	ahgrahdahbleh

please	por favor	*pohr fahbohr*
pleasure	el placer	*ehl plahthehr*
plum	la ciruela	*lah theerwehlah*
pocketknife	la navaja	*lah nahbah<u>h</u>ah*
point (verb)	indicar	*eendeekahr*
poison	el veneno	*ehl behnehnoh*
police	la policía	*lah pohleeteeah*
police station	la comisaría	*la kohmeesahreeah*
policeman	el guardia	*ehl gwahrdyah*
pond	el estanque	*ehl ehstahnkeh*
pony	el poney	*ehl pohnehy*
pop concert	el concierto pop	*ehl kohnthyehrtoh pohp*
population	la población	*lah pohblahthyohn*
pork	la carne de cerdo	*lah kahrneh deh thehrdoh*
port wine	el oporto	*ehl ohpohrtoh*
porter	el portero	*ehl pohrtehroh*
post code	el código postal	*ehl cohdeegoh pohstahl*
post office	la oficina de Correos	*lah ohfeetheenah deh cohrrehohs*
postage	el franqueo	*ehl frahnkehoh*
postbox	el buzón	*ehl boothohn*
postcard	la (tarjeta) postal	*lah (tahr<u>h</u>ehtah) pohstahl*
postman	el cartero	*ehl kahrtehroh*
potato	la patata	*lah pahtahtah*
poultry	las aves	*lahs ahbehs*
powdered milk	la leche en polvo	*lah lehcheh ehn pohlboh*
power point	la toma de corriente	*lah tohmah deh kohrryehnteh*
pram	el cochecito	*ehl kohchehtheetoh*
prawns	las gambas	*lahs gahmbahs*
precious	querido	*kehreedoh*
prefer	preferir	*prehfehreer*

preference	la preferencia	*lah prehfehrehnthyah*
pregnant	embarazada	*ehmbahrahthahdah*
present	presente	*prehsehnteh*
present (gift)	el regalo	*ehl rehgahloh*
press (verb)	apretar	*ahprehtahr*
pressure	la tensión	*lah tehnsyohn*
price	el precio	*ehl prehthyoh*
price list	la lista de precios	*lah leestah deh prehthyohs*
print (verb)	copiar	*kohpyahr*
print	la copia	*lah kohpyah*
probably	probablemente	*prohbahblehmehnteh*
problem	el problema	*ehl prohblehmah*
profession	la profesión	*lah prohfehsyohn*
programme	el programa	*ehl prohgrahmah*
pronounce	pronunciar	*prohnoonthyahr*
propane camping gas	el gas propano	*ehl gahs prohpahnoh*
pull	sacar	*sahkahr*
pull a muscle	distender un músculo	*deestehndehr oon mooskooloh*
pure	puro	*pooroh*
purple	violeta	*beeohlehta*
purse	el monedero	*ehl mohnehdehroh*
push	empujar	*ehmpoohahr*
puzzle	el rompecabezas	*ehl rohmpehkahbehthahs*
pyjamas	el pijama	*ehl peehahmah*

Q

quarter	la cuarta parte	*lah kwahrtah pahrteh*
quarter of an hour	el cuarto de hora	*ehl kwahrtoh deh ohrah*
queen	la reina	*lah reheenah*

question	la pregunta	*lah prehgoontah*
quick	rápido	*rahpeedoh*
quiet	tranquilo	*trahnkeeloh*

R

radio	la radio	*lah rahdyoh*
railways	los ferrocarriles	*lohs fehrrohkahrreelehs*
rain (verb)	llover	*lyohbehr*
rain	la lluvia	*lah lyoobyah*
raincoat	el impermeable	*ehl eempehrmehahbleh*
raisins	las uvas pasas	*lahs oobahs pahsahs*
rape	la violación	*lah beeohlahthyohn*
rapids	el rápido	*ehl rahpeedoh*
rash (skin)	la erupción cutánea	*lah ehroopthyohn kootahnehah*
raspberries	las frambuesas	*lahs frahmbwehsahs*
raw	crudo	*kroodoh*
raw ham	el jamón (serrano)	*ehl <u>h</u>ahmohn sehrrahnoh*
raw vegetables	las verduras crudas	*lahs behrdoorahs kroodahs*
razor blades	las hojas de afeitar	*lahs o<u>h</u>ahs deh ahfeheetahr*
read (verb)	leer	*lehehr*
ready	listo	*leestoh*
really	en realidad	*ehn rehahleedahdh*
receipt	el recibo	*ehl rehtheeboh*
recipe	la receta	*lah rehthehtah*
reclining chair	la tumbona	*lah toombohnah*
recommend	recomendar	*rehkohmehndahr*
rectangle	el rectángulo	*ehl rehktahngooloh*
red	rojo	*roh<u>h</u>oh*
red wine	el vino tinto	*ehl beenoh teentoh*
refrigerator	el refrigerador	*ehl rehfree<u>h</u>ehrahdohr*

regards	recuerdos	*rehkwehrdohs*
region	la región	*lah rehhyohn*
registered	certificado	*thehrteefeekahdoh*
relatives	los parientes	*lohs pahryehntehs*
reliable	fiable/seguro	*fyahbleh/sehgooroh*
religion	la religión	*lah rehleehyohn*
rent out	alquilar	*ahlkeelahr*
repair (verb)	arreglar	*ahrrehglahr*
repairs	el arreglo	*ehl ahrrehgloh*
repeat	repetir	*rehpehteer*
report	el atestado	*ehl ahtehstahdoh*
resent	tomar a mal	*tohmahr ah mahl*
responsible	responsable	*rehspohnsahbleh*
rest (verb)	descansar	*dehskahnsahr*
restaurant	el restaurante	*ehl rehstahoorahnteh*
retired	jubilado	*hoobeeladoh*
retirement	la jubilación	*lah hoobeelahthyohn*
return (ticket)	el billete de ida	*ehl beelyehteh*
	y vuelta	*deh eedah ee bwehltah*
reverse (vehicle)	dar marcha atrás	*dahr mahrchah ahtrahs*
rheumatism	el reuma	*ehl rehoomah*
rice	el arroz	*ehl ahrrohth*
ridiculous	tontería(s)	*tohntehreeah(s)*
riding (horseback)	montar a caballo	*mohntahr ah kahbahlyoh*
riding school	el picadero	*ehl peekahdehroh*
right	derecha	*dehrehchah*
right (on the)	a la derecha	*ah lah dehrehchah*
right of way	la preferencia	*lah prehfehrehnthyah*
ripe	maduro	*mahdooroh*
risk	el riesgo	*ehl ryehsgoh*

river	el río	*ehl reeoh*
road	el camino	*ehl kahmeenoh*
roadway	la calzada	*lah kahlthahdah*
roasted	asado	*ahsahdoh*
rock	la roca	*lah rohkah*
rolling tobacco	el tabaco para liar	*ehl tahbahkoh pahrah leeahr*
roof rack	la baca	*lah bahkah*
room	la habitación	*lah ahbeetahthyohn*
room number	el número de la habitación	*ehl noomehroh deh lah ahbeetahthyohn*
room service	el servicio en la habitación	*ehl sehrbeethyoh ehn lah ahbeetahthyohn*
rope	la cuerda	*lah kwehrdah*
rosé	el vino rosado	*ehl beenoh rohsahdoh*
roundabout	la rotonda	*lah rohtohndah*
route	la ruta	*lah rootah*
rowing boat	el bote de remos	*ehl bohteh deh rehmohs*
rubber	la goma	*lah gohmah*
rubbish	tontería(s)	*tohntehreeah(s)*
rucksack	la mochila	*lah mohcheelah*
rude	descortés/ maleducado	*dehskohrtehs/ mahlehdookahdoh*
ruins	las ruinas	*lahs rweenahs*
run into	encontrar	*ehnkohntrahr*

S

sad	triste	*treesteh*
safari	el safari	*ehl sahfahree*
safe	la caja fuerte	*lah kah<u>h</u>ah fwehrteh*
safe/secure	seguro	*sehgooroh*

safety pin	el imperdible	*ehl eempehrdeebleh*
sail	la vela	*lah behlah*
sailing boat	el velero	*ehl behlehroh*
salad	la ensalada	*lah ehnsahlahdah*
salad oil	el aceite	*ehl ahthehyteh*
salami	el salami	*ehl sahlahmee*
sale	las rebajas, la liquidación	*lahs rebahhahs, lah leekeedahthyohn*
salt	la sal	*lah sahl*
same	mismo	*meesmoh*
same	lo mismo	*loh meesmoh*
sandwich	el bocadillo	*ehl bohkahdeelyoh*
sandy beach	la playa de arena	*lah plahyah deh ahrehnah*
sanitary towel	la compresa	*lah kohmprehsah*
sardines	las sardinas	*lahs sahrdeenahs*
satisfied	contento	*kohntehntoh*
Saturday	el sábado	*ehl sahbahdoh*
sauce	la salsa	*lah sahlsah*
saucepan	la cacerola	*lah kahthehrohlah*
sauna	la sauna	*lah sahoonah*
sausage	el embutido	*ehl ehmbooteedoh*
savoury	salado	*sahlahdoh*
say (verb)	decir	*dehtheer*
scarf	la bufanda (woollen)	*lah boofahndah*
scarf	el pañuelo	*ehl pahnywehloh*
scenic walk	la visita a la ciudad (a pie)	*lah beeseetah ah lah thyoodahdh (ah pyeh)*
school	la escuela	*lah ehskwehlah*
scissors	las tijeras	*lahs teehehrahs*
scooter	la vespa	*lah behspah*

scorpion	el escorpión	ehl ehskohrpyohn
scrambled eggs	los huevos revueltos	lohs wehbohs rehbwehltohs
screw	el tornillo	ehl tohrneelyoh
screwdriver	el destornillador	ehl dehstohrneelyahdohr
sculpture	la escultura	lah ehskooltoorah
sea	el mar	ehl mahr
seasick	mareado	mahrehahdoh
seat	el asiento	ehl ahsyehntoh
seat	el asiento, la butaca	ehl ahsyehntoh, lah bootahkah
second (adj.)	segundo	sehgoondoh
second	el segundo	ehl sehgoondoh
second-hand	de segunda mano	deh sehgoondah mahnoh
sedative	el calmante	ehl kahlmahnteh
see (person)	visitar	beeseetahr
see	mirar	meerahr
self-timer	el disparador	ehl deespahrahdohr
	automático	ahootohmahteekoh
semi-skimmed	semidesnatado	sehmeedehsnahtahdoh
send	enviar	ehnbyahr
sentence	la frase	lah frahseh
September	septiembre	sehptyehmbreh
serious	grave	grahbeh
service	el servicio	ehl sehrbeethyoh
serviette	la servilleta	lah sehrbeelyehtah
set (verb)	marcar	mahrkahr
sewing thread	el hilo de coser	ehl eeloh deh kohsehr
shade	la sombra	lah sohmbrah
shallow	poco profundo	pohkoh prohfoondoh
shampoo	el champú	ehl chahmpoo
shark	el tiburón	ehl teeboorohn

shave (verb)	afeitar	ahfeheetahr
shaver	la afeitadora eléctrica	lah ahfehytahdohrah ehlehktreekah
shaving brush	la brocha de afeitar	lah brohchah deh ahfeheetahr
shaving cream	la crema de afeitar	lah krehmah deh ahfeheetahr
shaving soap	el jabón de afeitar	ehl <u>h</u>ahbohn deh ahfeheetahr
sheet	la sábana	lah sahbahnah
sherry	el jerez	ehl <u>h</u>ehrehth
shirt	la camisa	lah kahmeesah
shoe	el zapato	ehl thahpahtoh
shoe polish	la crema de zapatos	lah krehmah deh thahpahtohs
shoe shop	la zapatería	lah thahpahtehreeah
shoelaces	los cordones	lohs kohrdohnehs
shoemaker	el zapatero	ehl thahpahtehroh
shop (verb)	hacer la compra	ahthehr lah kohmprah
shop	la tienda	lah tyehndah
shop assistant	la vendedora	lah behndehdohrah
shop window	el escaparate	ehl ehskahpahrahteh
shopping centre	el centro comercial	ehl thehntroh kohmehrthyahl
short	corto	kohrtoh
short circuit	el cortocircuito	ehl kohrtohtheer-kweetoh
shoulder	el hombro	ehl ohmbroh
show	el espectáculo	ehl ehspehktahkooloh
shower	la ducha	lah doochah
shutter	el obturador	ehl ohbtoorahdohr
sieve	el tamiz	ehl tahmeeth
sign (verb)	firmar	feermahr
sign	el cartel	ehl kahrtehl
signature	la firma	lah feermah
signposted walk	la excursión	lah ehxkooresyohn
	señalizada	sehnyahleethahdah

silence	el silencio	*ehl seelehnthyoh*
silver	la plata	*lah plahtah*
silver-plated	plateado	*plahtehahdoh*
simple	sencillo	*sehntheelyoh*
single (unmarried)	soltero	*sohltehroh*
single	individual	*eendeebeedwahl*
single ticket	el billete de ida	*ehl beelyehteh deh eedah*
sir	señor	*sehnyohr*
sister	la hermana	*lah ehrmahnah*
sit	estar sentado	*ehstahr sehntahdoh*
size (shoes)	el número	*ehl noomehroh*
size	la talla	*lah tahlyah*
ski boots	las botas de esquí	*lahs bohtahs deh ehskee*
ski goggles	las gafas de esquí	*lahs gahfahs deh ehskee*
ski instructor	el profesor de esquí	*ehl prohfehsohr deh ehskee*
ski lessons/class	la clase de esquiar	*lah klahseh deh ehskeeahr*
ski lift	el telesquí	*ehl tehlehskee*
ski pants	los pantalones de esquiar	*lohs pahntahlohnehs deh ehskeeahr*
ski pass	el bono (de remontes/ esquí)	*ehl bohnoh (deh rehmohntehs/ehskee)*
ski slope	la pista de esquí (alpino)	*lah peestah deh ehskee (ahlpeenoh)*
ski stick	el bastón de esquí	*ehl bahstohn deh ehskee*
ski suit	el traje de esquiar	*ehl trahheh deh ehskeeahr*
ski wax	la cera para esquí	*lah thehrah pahrah ehskee*
ski/skiing	esquiar, el esquí	*ehskeeahr, ehl ehskee*
skin	la piel	*lah pyehl*
skirt	la falda	*lah fahldah*
skis	los esquís	*lohs ehskees*

sleep (verb)	dormir	*dohrmeer*
sleep well!	que descanse	*keh dehskahnseh*
sleeping car	el coche cama	*ehl kohcheh kahmah*
sleeping pills	los somníferos	*lohs sohmneefehrohs*
slide	la diapositiva	*lah deeahpohseeteebah*
slip (women's)	la combinación	*lah kohmbeenahthyohn*
slip road	la entrada	*lah ehntrahdah*
slow	despacio	*dehspahthyoh*
slow train	el tren ómnibus	*ehl trehn ohmneeboos*
small	pequeño	*pehkehnyoh*
small change	el cambio, el dinero suelto	*ehl kahmbyoh, ehl deenehroh swehltoh*
smell unpleasant (verb)	oler mal	*ohlehr mahl*
smoke	el humo	*ehl oomoh*
smoke (verb)	fumar	*foomahr*
smoked	ahumado	*ahoomahdoh*
smoking compartment	el departamento de fumadores	*ehl dehpahrtahmehntoh deh foomahdohrehs*
snake	la serpiente	*lah sehrpyehnteh*
snorkel	el esnórquel	*ehl ehsnohrkehl*
snow (verb)	nevar	*nehbahr*
snow	la nieve	*lah nyehbeh*
snow chains	la cadena antideslizante	*lah kahdehnah ahnteedehsleethahnte*
soap	el jabón	*ehl <u>h</u>ahbohn*
soap box	la jabonera	*lah <u>h</u>ahbohnehrah*
soap powder	el jabón en polvo	*ehl <u>h</u>ahbohn ehn pohlboh*
soccer	el fútbol	*ehl footbohl*
soccer match	el partido de fútbol	*ehl pahrteedoh deh footbohl*
socket	el enchufe	*ehl ehnchoofeh*

socks	los calcetines	*lohs kahlthehteenehs*
soft drink	el refresco	*ehl rehfrehskoh*
sole (fish)	el lenguado	*ehl lehngwahdoh*
sole	la suela	*lah swehlah*
solicitor	el abogado	*ehl ahbohgahdoh*
someone	alguien	*ahlgyehn*
sometimes	a veces	*ah behthehs*
somewhere	en alguna parte	*ehn ahlgoonah pahrteh*
son	el hijo	*ehl eehoh*
soon	pronto	*prohntoh*
sorbet	el sorbete	*ehl sohrbehteh*
sore	la úlcera	*lah oolthehrah*
sore throat	el dolor de garganta	*ehl dohlohr deh gahrgahntah*
sorry	perdón	*pehrdohn*
sort/type	la clase	*lah klahseh*
soup	la sopa	*lah sohpah*
sour	agrio	*ahgreeoh*
sour cream	la nata ácida	*lah nahtah ahtheedah*
source	la fuente	*lah fwehnteh*
south	el sur	*ehl soor*
souvenir	el recuerdo de viaje	*ehl rehkwehrdoh deh byahheh*
spaghetti	los espaguetis	*lohs ehspahgehtees*
Spanish	español	*ehspahnyohl*
spanner (openended)	la llave (de boca)	*lah lyahbeh(deh bohkah)*
spanner	la llave de tuercas	*lah lyahbeh deh twehrkahs*
spare	la reserva	*lah rehsehrbah*
spare part	la pieza de recambio	*lah pyehthah deh rehkahmbyoh*
spare tyre	el neumático de	*ehl nehoomahteekoh*
	reserva	*deh rehsehrbah*
spare wheel	la rueda de recambio	*lah rwehdah deh rehkahmbyoh*

speak	hablar	*ahblahr*
special	especial	*ehspehthyahl*
specialist	el especialista	*ehl ehspethyahleestah*
specialty	la especialidad	*lah ehspehthyahleedah*
speed limit	la velocidad máxima	*lah behlohtheedahdh mahxeemah*
spell (verb)	deletrear	*dehlehtrehahr*
spicy	picante	*peekahnteh*
splinter	la astilla	*lah ahsteelyah*
spoon	la cuchara	*lah koochahrah*
spoonful	la cucharada	*lah koochahrahdah*
sport (play)	hacer deporte	*ahthehr dehpohrteh*
sport	el deporte	*ehl dehpohrteh*
sports centre	la sala de deportes	*lah sahlah deh dehpohrtehs*
spot/place	el sitio	*ehl seetyoh*
sprain (verb)	torcerse	*tohrthehrseh*
spring	la primavera	*lah preemahbehrah*
square	el cuadrado	*ehl kwahdrahdoh*
square (town)	la plaza	*lah plahthah*
square metre(s)	metro(s) cuadrado(s)	*mehtroh(s) kwahdrahdoh(s)*
squash	el squash	*ehl skwahsh*
stadium	el estadio	*ehl ehstahdyoh*
stain	la mancha	*lah mahnchah*
stain remover	el quitamanchas	*ehl keetahmahnchahs*
stairs	las escaleras	*lahs ehskahlehrahs*
stalls (theatre)	la platea	*lah plahtehah*
stamp	el sello	*ehl sehlyoh*
start (car)	arrancar	*ahrrahnkahr*
station	la estación	*lah ehstahthyohn*
statue	la estatua	*lah ehstahtooah*
stay (lodge)	alojarse	*ahloh<u>h</u>ahrseh*

stay (verb)	quedarse	*kehdahrseh*
stay	la estancia	*lah ehstahnthyah*
steal (verb)	robar	*rohbahr*
steel, stainless	el acero, inoxidable	*ehl ahtehroh, eenohxeedahbleh*
stench	el mal olor	*ehl mahl ohlohr*
sting (verb)	picar	*peekahr*
stitch (med.)	el punto	*ehl poontoh*
stitch (verb)	suturar	*sootoorahr*
stock	el caldo	*ehl kahldoh*
stockings	las medias	*lahs mehdyahs*
stomach	el estómago, el vientre	*ehl ehstohmahgoh, ehl byehntreh*
stomach ache	el dolor de vientre/ estómago	*ehl dohlohr deh byehntreh/ehstohmahgoh*
stomach cramps	los retortijones	*lohs rehtohrteeohohnehs*
stools	las heces	*lahs ehtehs*
stop (verb)	parar	*pahrahr*
stop	la parada	*lah pahrahdah*
stopover	la escala	*lah ehskahlah*
storm	la tormenta	*lah tohrmehntah*
straight	liso	*leesoh*
straight ahead	todo recto	*tohdoh rehktoh*
straw	la pajita	*lah pahheetah*
strawberries	las fresas	*lahs frehsahs*
street	la calle	*lah kahlyeh*
street side	el lado de la calle	*ehl lahdoh deh lah kahlyeh*
strike	la huelga	*lah wehlgah*
strong (tobacco)	negro	*nehgroh*
study (verb)	estudiar	*ehstoodyahr*
stuffing	el relleno	*ehl rehlyehnoh*

subscriber's number	el número de abonado	*ehl noomehroh deh ahbohnahdoh*
subtitled	subtitulada	*soobteetoolahdah*
succeed	salir bien	*sahleer byehn*
sugar	el azúcar	*ehl ahthookahr*
sugar lumps	los terrones de azúcar	*lohs tehrrohnehs deh ahthookahr*
suit	el traje	*ehl tra<u>h</u>heh*
suitcase	la maleta	*lah mahlehtah*
summer	el verano	*ehl behrahnoh*
summertime	la hora de verano	*lah ohrah deh behrahnoh*
sun	el sol	*ehl sohl*
sun hat	el sombrero de playa	*ehl sohmbrehroh deh plahyah*
sunbathe	tomar el sol	*tohmahr ehl sohl*
Sunday	el domingo	*ehl dohmeengoh*
sunglasses	las gafas de sol	*lahs gahfahs deh sohl*
sunrise	la salida del sol	*lah sahleedah dehl sohl*
sunset	la puesta del sol	*lah pwehstah dehl sohl*
sunstroke	la insolación	*lah eensohlahthyohn*
suntan lotion	la crema solar	*lah krehmah sohlahr*
suntan oil	el aceite bronceador	*ehl ahthehyteh brohnthehahdohr*
supermarket	el supermercado	*ehl soopehrmehrkahdoh*
surcharge	el suplemento	*ehl sooplehmehntoh*
surf	el surf	*ehl soorf*
surf board	la tabla de surf	*lah tahblah deh soorf*
surgery	la consulta	*lah kohnsooltah*
surname	el apellido	*ehl ahpehlyeedoh*
surprise	la sorpresa	*lah sohrprehsah*
swallow (verb)	tragar	*trahgahr*
swamp	el terreno pantanoso	*ehl tehrrehnoh pahntahnohsoh*

15 Word list

sweat	el sudor	*ehl soodohr*
sweet	el caramelo	*ehl kahrahmehloh*
sweet	dulce	*doolthe*
sweetcorn	el maíz	*ehl maheeth*
sweetener	la sacarina	*lah sahkahreenah*
sweets	las golosinas	*lahs gohlohseenahs*
swim (verb)	nadar	*nahdahr*
swimming pool	la piscina	*lah peestheenah*
swimming trunks	el bañador	*ehl bahnyahdohr*
swindle	la estafa	*lah ehstahfah*
switch	el interruptor	*ehl eentehrrooptohr*
synagogue	la sinagoga	*lah seenahgohgah*

T

table	la mesa	*lah mehsah*
table tennis	el pingpong	*ehl peenpohn*
tablet	la tableta	*lah tahblehtah*
take (photograph)	sacar	*sahkahr*
take (time)	durar, tardar	*doorahr, tahrdahr*
take (verb)	emplear, usar, tomar	*ehmplehahr, oosahr, tohmahr*
take pictures	fotografiar, sacar fotos	*fohtohgrahfyahr, sahkahr fohtohs*
taken	ocupado	*ohkoopahdoh*
talcum powder	el talco	*ehl tahlkoh*
talk (verb)	hablar	*ahblahr*
tampons	los tampones	*lohs tahmpohnehs*
tap	el grifo	*ehl greefoh*
tap water	el agua del grifo	*ehl ahgwah dehl greefoh*
tart	la tarta	*lah tahrtah*
taste (verb)	probar	*prohbahr*

tax free shop	la tienda libre de impuestos	*lah tyehndah leebreh deh eempwehstohs*
taxi	el taxi	*ehl tahxee*
taxi stand	la parada de taxis	*lah pahrahdah deh tahxees*
tea	el té	*ehl teh*
teapot	la tetera	*lah tehtehrah*
teaspoon	la cuchara de té	*lah koochahrah deh teh*
telegram	el telegrama	*ehl tehlehgrahmah*
telephoto lens	el teleobjetivo	*ehl tehlehohbhehteeboh*
television	la televisión	*lah tehlehbeesyohn*
telex	el télex	*ehl tehlehx*
temperature	la temperatura	*lah tehmpehrahtoorah*
temporary filling	el empaste provisional	*ehl ehmpahsteh prohbeesyohnahl*
tender	tierno	*tyehrnoh*
tennis	el tenis	*ehl tehnees*
tennis ball	la pelota de tenis	*lah pehlohtah deh tehnees*
tennis court	la pista de tenis	*lah peestah deh tehnees*
tennis racket	la raqueta de tenis	*lah rahkehtah deh tehnees*
tennis shoes	los zapatos de tenis	*lohs thahpahtohs deh tehnees*
tenpin bowling	los bolos	*lohs bohlohs*
tent	la tienda	*lah tyehndah*
tent peg	la estaca	*lah ehstahkah*
terrace	la terraza	*lah tehrrahthah*
terrible	terrible	*tehrreebleh*
thank (verb)	agradecer	*ahgrahdehthehr*
thank you	gracias	*grahthyahs*
thaw	deshelar	*dehsehlahr*
the day after tomorrow	pasado mañana	*pahsahdoh mahnyahnah*
theatre	el teatro	*ehl tehahtroh*

theft	el robo	*ehl rohboh*
there	allí	*ahlyee*
thermal bath	el baño termal	*ehl bahnyoh tehrmahl*
thermometer	el termómetro	*ehl tehrmohmehtroh*
thick	grueso/gordo	*grwehsoh/gohrdoh*
thief	el ladrón	*ehl lahdrohn*
thigh	el muslo	*ehl moosloh*
thin	fino, flaco	*feenoh, flahkoh*
things	las cosas	*lahs kohsahs*
think	pensar	*pehnsahr*
third	la tercera parte	*lah tehrthehrah pahrteh*
thirsty, to be	la sed	*lah sehd*
this afternoon	esta tarde	*ehstah tahrdeh*
this evening	esta noche	*ehstah nohcheh*
this morning	esta mañana	*ehstah mahnyahnah*
thread	el hilo	*ehl eeloh*
throat	la garganta	*lah gahrgahntah*
throat lozenges	las pastillas para la garganta	*lahs pahsteelyahs pahrah lah gahrgahntah*
throw up	vomitar	*bohmeetahr*
thunderstorm	la tormenta eléctrica	*lah tohrmehntah ehlehktreekah*
Thursday	el jueves	*ehl hwehbehs*
ticket (admission)	la entrada	*lah ehntrahdah*
ticket (travel)	el billete	*ehl beelyehteh*
tickets	los billetes	*lohs beelyehtehs*
tidy (verb)	recoger	*rehkohehr*
tie	la corbata	*lah kohrbahtah*
tights	el leotardo, el panty	*ehl lehohtahrdoh, ehl pahntee*
time (occasion)	la vez	*lah behth*
time	el tiempo	*ehl tyehmpoh*

timetable	el horario	*ehl ohrahryoh*
tin	la lata	*lah lahtah*
tip (money)	la propina	*lah prohpeenah*
tissues	los pañuelitos de papel	*lohs pahnywehleetohs de pahpehl*
toast	el pan tostado, las tostadas	*ehl pahn tohstahdoh, lahs tohstahdahs*
tobacco	el tabaco	*ehl tahbahkoh*
toboggan	el trineo	*ehl treenehoh*
today	hoy	*oy*
toe	el dedo del pie	*ehl dehdoh dehl pyeh*
together	juntos	*hoontohs*
toilet	el water/los servicios/ el lavabo	*ehl bahtehr/lohs sehrbeethyohs, ehl lahbahboh*
toilet paper	el papel higiénico	*ehl pahpehl eehyehneekoh*
toiletries	los artículos de tocador	*lohs ahrteekoolohs deh tohkahdohr*
tomato	el tomate	*ehl tohmahteh*
tomato purée	el tomate triturado	*ehl tohmahteh treetoorahdoh*
tomato sauce	el ketchup	*ehl kehchoop*
tomorrow	mañana	*mahnyahnah*
tongue	la lengua	*lah lehngwah*
tonic water	el agua tónica	*ehl agwah tohneekah*
tonight	esta noche	*ehstah nohcheh*
too much	demasiado	*dehmahsyahdoh*
tools	las herramientas	*lahs ehrrahmyehntahs*
tooth	el diente	*ehl dyehnteh*
toothache	el dolor de muelas	*ehl dohlohr deh mwehlahs*
toothbrush	el cepillo de dientes	*ehl thehpeelyoh deh dyehntehs*
toothpaste	el dentífrico	*ehl dehnteefreekoh*

toothpick	el palillo	*ehl pahleelyoh*
top up	rellenar	*rehlyehnahr*
total	el total	*ehl tohtahl*
tough	duro	*dooroh*
tour	la excursión, el paseo	*lah ehxkoorsyohn, ehl pahsehoh*
tour guide	el guía	*ehl gheeah*
tourist card	la tarjeta de turista	*lah tahrhehtah deh tooreestah*
tourist class	la clase turista	*lah klahseh tooreestah*
Tourist Information office	la oficina de (información y) turismo	*lah ohfeetheenah deh (eenfohrmahthyohn ee) tooreesmoh*
tourist menu	el menú turístico	*ehl mehnoo tooreesteekoh*
tow	remolcar	*rehmohlkahr*
tow cable	el cable de remolque	*ehl kahbleh deh rehmohlkeh*
towel	la toalla	*lah tohahlyah*
tower	la torre	*lah tohrreh*
town hall	el ayuntamiento	*ehl ahyoontahmyehntoh*
town/city	la ciudad	*lah thyoodahdh*
toys	los juguetes	*lohs hoogehtehs*
traffic	el tráfico	*ehl trahfeekoh*
traffic light	el semáforo	*ehl sehmahfohroh*
trailer tent	el remolque tienda	*ehl rehmohlkeh tyehndah*
train	el tren	*ehl trehn*
train ticket	el billete de tren	*ehl beelyehteh deh trehn*
train timetable	la guía de trenes	*lah gueeah deh trehnehs*
translate	traducir	*trahdootheer*
travel (verb)	viajar	*byahhahr*
travel agent	la agencia de viajes	*lah ahhehnthyah deh byahhehs*
travel guide	la guía	*lah gheeah*
traveller	el pasajero	*ehl pahsahhehroh*

traveller's cheque	el cheque de viajero	ehl chehkeh deh byah<u>h</u>ehroh
treacle/syrup	la melaza	lah mehlahthah
treatment	el tratamiento	ehl trahtahmyehntoh
triangle	el triángulo	ehl treeahngooloh
trim	cortar las puntas	kohrtahr lahs poontahs
trip	el paseo, la excursión	ehl pahsehoh, lah ehxkoorsyohn
trouble	la molestia	lah mohlehstyah
trousers (long, short)	los pantalones (cortos, largos)	lohs pahntahlohnehs (kohrtohs, lahrgohs)
trout	la trucha	lah troochah
trunk call	interurbano	eentehroorbahnoh
trunk code	el prefijo	ehl prehfee<u>h</u>oh
trustworthy	digno de confianza	deegnoh deh kohnfyahnthah
try on (clothes)	probarse	prohbahrseh
T-shirt	la camiseta	lah kahmeesehtah
tube	el tubo	ehl tooboh
Tuesday	el martes	ehl mahrtehs
tumble drier	la secadora	lah sehkahdohrah
tuna	el atún	ehl ahtoon
tunnel	el túnel	ehl toonehl
turn	la vez	lah behth
TV	la televisión	lah tehlehbeesyohn
tv and radio guide	la guía de radio y televisión	lah gheeah deh rahdyoh ee tehlehbeesyohn
tweezers	los alicates	lohs ahleekahtehs
tyre (bicycle)	la cubierta	lah koobyehrtah
tyre lever	el desmontador de neumáticos	ehl dehsmohntahdohr deh nehoomahteekohs
tyre pressure	la presión de los neumáticos	lah prehsyohn deh lohs nehoomahteekohs

Word list

U

ugly	feo	*fehoh*
umbrella	el paraguas	*ehl pahrahgwahs*
under	abajo, debajo de	*ahbahhoh, dehbahhoh deh*
underground railway	el metro	*ehl mehtroh*
underground railway system	la red de metro	*lah rehdh deh mehtroh*
underground station	la estación de metro	*lah ehstahthyohn deh mehtroh*
underpants	los calzoncillos	*lohs kahlthohntheelyohs*
understand	entender	*ehntehndehr*
underwear	la ropa interior	*lah rohpah eentehryohr*
undress (verb)	desvestirse	*dehsbehsteerseh*
unemployed	en paro	*ehn pahroh*
uneven	desigual	*dehseegwahl*
university	la universidad	*lah ooneebehrseedah*
unleaded	sin plomo	*seen plohmoh*
urgent	urgente	*oorhehnteh*
urine	la orina	*lah ohreenah*
usually	por lo general	*pohr loh hehnehrahl*

V

vacate	desalojar	*dehsahlohhahr*
vaccinate	vacunarse	*bahkoonahrseh*
vagina	la vagina	*lah bahheenah*
vaginal infection	la infección vaginal	*lah eenfehkthyohn bahheenal*
valid	válido	*bahleedoh*
valley	el valle	*ehl bahlyeh*
valuable	costoso	*kohstohsoh*
van	la furgoneta	*lah foorgohnehtah*
vanilla	la vainilla	*lah baheeneelyah*

vase	el florero	*ehl flohrehroh*
vaseline	la vaselina	*lah bahsehleenah*
veal	la carne de ternera	*lah kahrneh deh tehrnehrah*
vegetable soup	la sopa de verduras	*lah sohpah deh behrdoorahs*
vegetables	la verdura	*lah behrdoorah*
vegetarian	vegetariano	*beh_h_ehtahryahnoh*
vein	la vena	*lah vehnah*
vending machine	la máquina automática	*lah mahkeenah ahootohmahteekah*
venereal disease	la enfermedad venérea	*lah ehnfehrmehdahdh behnehrehah*
via	pasando por	*pahsahndoh pohr*
video recorder	el video	*ehl beedehoh*
video tape	la cinta de vídeo	*lah theentah deh beedehoh*
view	la vista	*lah beestah*
village	el pueblo	*ehl pwehbloh*
visa	el visado	*ehl beesahdoh*
visit (verb)	visitar	*beeseetahr*
visit	la visita	*lah beeseetah*
vitamin tablets	las tabletas de vitaminas	*lahs tahblehtahs deh beetahmeenahs*
vitamins	la vitamina	*lah beetahmeenah*
volcano	el volcán	*ehl bohlkahn*
volleyball (play)	jugar al vóleibol	*_h_oogahr ahl bohleheebohl*
vomit (verb)	vomitar	*bohmeetahr*

W

wait (verb)	esperar	*ehspehrahr*
waiter	el camarero	*ehl kahmahrehroh*
waiting room	la sala de espera	*lah sahlah deh ehspehrah*

waitress	la camarera	*lah kahmahrehrah*
wake up (verb)	despertar	*dehspehrtahr*
walk	el paseo	*ehl pahsehoh*
walk (take a)	salir a caminar	*sahleer ah kahmeenahr*
walk (verb)	ir (andando)	*eer(ahndahndoh)*
wallet	la cartera	*lah kahrtehrah*
wardrobe	el guardarropa	*ehl gwahrdahrrohpah*
warm	caliente	*kahlyehnteh*
warn	avisar, llamar	*ahbeesahr, lyahmahr*
warning	el aviso	*ehl ahbeesoh*
wash (verb)	lavar	*lahbahr*
washing (dirty)	la ropa sucia	*lah rohpah soothyah*
washing line	la cuerda de colgar	*lah kwehrdah deh*
	la ropa	*kohlgahr lah rohpah*
washing machine	la lavadora	*lah lahbahdohrah*
washing-powder	el detergente	*ehl dehtehrhehnteh*
wasp	la avispa	*lah ahbeespah*
watch	el reloj	*ehl rehlohh*
water	el agua	*ehl ahgwah*
water ski	el esquí acuático	*ehl ehskee ahkwahteekoh*
waterproof	impermeable	*eempehrmehahbleh*
wave-pool	la piscina con oleaje	*lah peestheenah kohn ohlehahheh*
way (means)	el remedio	*ehl rehmehdyoh*
way (on the)	en el camino	*ehn ehl kahmeenoh*
way	el lado	*ehl lahdoh*
we	nosotros	*nohsohtrohs*
weak	débil	*dehbeel*
weather	el tiempo	*ehl tyehmpoh*
weather forecast	el pronóstico del	*ehl prohnohsteekoh*
	tiempo	*dehl tyehmpoh*

wedding	la boda	*lah bohdah*
Wednesday	el miércoles	*ehl myehrkohlehs*
week	la semana	*lah sehmahnah*
weekend	el fin de semana	*ehl feen deh sehmahnah*
weekend duty	la guardia de fin de semana	*lah gwahrdyah deh feen deh sehmahnah*
weekly ticket	el abono semanal	*ehl ahbohnoh sehmahnahl*
welcome	bienvenido	*byehnbehneedoh*
well	bien, bueno	*byehn, bwehnoh*
west	el oeste	*ehl ohehsteh*
wet	mojado	*mohahdoh*
wet (weather)	lluvioso	*lyoobyohsoh*
wetsuit	el traje de surf	*ehl trahheh deh soorf*
what?	¿qué?	*keh?*
wheel	la rueda	*lah rwehdah*
wheelchair	la silla de ruedas	*lah seelyah deh rwehdahs*
when?	¿cuándo?	*kwahndoh?*
where?	¿dónde?	*dohndeh?*
which?	¿cuál?	*kwahl?*
whipped cream	el chantilly	*ehl chahnteelyee*
whipping cream	la nata para batir	*lah nahtah pahrah bahteer*
white	blanco	*blahnkoh*
who?	¿quién?	*kyehn?*
wholemeal	integral	*eentehgrahl*
wholemeal bread	el pan integral	*ehl pahn eentehgrahl*
why?	¿por qué?	*pohr keh?*
wide-angle lens	el objetivo gran angular	*ehl obhehteeboh grahn ahngoolahr*
widow	la viuda	*lah byoodah*
widower	el viudo	*ehl byoodoh*

wife	la mujer	*lah moo<u>h</u>ehr*
wind	el viento	*ehl byehntoh*
windbreak	la protección contra	*lah prohtehkthyohn*
	el viento	*kohntrah ehl byehntoh*
windmill	el molino	*ehl mohleenoh*
window	la ventanilla, la	*lah behntahneelyah,*
	ventana	*lah behntahnah*
windscreen wiper	el limpiaparabrisas	*ehl leempyahpahrah-breesahs*
wine	el vino	*ehl beenoh*
wine list	la carta de vinos	*lah kahrtah deh beenohs*
winter	el invierno	*ehl eenbyehrnoh*
witness	el testigo	*ehl tehsteegoh*
woman	la mujer	*lah moo<u>h</u>ehr*
wood	la madera	*lah mah<u>d</u>ehrah*
wool	la lana	*lah lahnah*
word	la palabra	*lah pahlahbrah*
work	el trabajo	*ehl trahbah<u>h</u>oh*
working day	el día laborable	*ehl deeah lahbohrahbleh*
worn/used	gastado	*gahstah<u>d</u>oh*
worried	inquieto	*eenkyehtoh*
wound	la herida	*lah ehree<u>d</u>ah*
wrap (verb)	envolver	*ehnbohlbehr*
wrist	la muñeca	*lah moonyehkah*
write	escribir	*ehskreebeer*
write down	apuntar	*ahpoontahr*
writing pad	el bloc (cuadriculado,	*ehl blohk(kwahdreekoo-*
	a rayas)	*lah<u>d</u>oh, ah rahyahs)*
writing paper	el papel de escribir	*ehl pahpehl deh ehskreebeer*
written	por carta	*pohr kahrtah*
wrong	mal, equivocado	*mahl, ehkeebohkah<u>d</u>oh*

Y

yacht	el yate	*ehl yahteh*
year	el año	*ehl anyoh*
yellow	amarillo	*ahmahreelyoh*
yes	sí	*see*
yes, please	con (mucho) gusto	*kohn (moochoh) goostoh*
yesterday	ayer	*ahyehr*
yoghurt	el yogur	*ehl yohgoor*
you (formal)	usted	*oostehdh*
you too	igualmente	*eegwahlmehnteh*
youth hostel	el albergue juvenil	*ehl ahlbehrgeh <u>h</u>oobehneel*

Z

zip	la cremallera	*lah krehmahlyehrah*
zoo	el parque zoológico	*ehl pahrkeh thohohlohheekoh*

Basic grammar

1 The article

Spanish nouns and adjectives are divided into 2 categories: masculine and feminine. The definite article (the) is **el** or **la**. Most masculine words end in **o** and most feminine words end in **a**.

el is used before masculine nouns, as in **el tren** (the train)
la is used before feminine nouns, as in **la playa** (the beach)
el is also used before feminine nouns beginning with a vowel, as in **el agua** (water).

Other examples are:

el techo	the roof	**la casa**	the house
el hambre	hunger	**el alma**	the soul

The plural of **el** is **los**; the plural of **la** is **las**.

In the case of the indefinite article (**a, an**):

un is used before masculine nouns, as in **un libro** (a book).

una is used before feminine nouns, as in **una mesa** (a table).

The plural is constructed by adding s, as in **unos camiones** (some lorries), **unas tazas** (some cups).

Other examples are:

un padre	a father	**una madre**	a mother
un hombre	a man	**una mujer**	a woman
unos hombres	men	**unas mujeres**	women